紫微斗數
斷吉凶
★增強紫微斗數功力，就看這本書★

前言

吉凶是應期的吉凶；應期是吉凶的應期。「吉凶」和「應期」是一個事件內容的兩個方面，也是事件預測的兩個要素。本書主要講述吉凶，對於應期，請讀者參閱本人另一本書《紫微斗數定應期》。

吉凶，是事件的主要屬性，換言之，對自己有利還是有害。我們常說「星情定吉凶」，那麼，星情的具體內容是什麼？包括星曜的基礎含意、星曜的廣義、星的廟旺利陷、星所處宮位，以及星的周邊環境（三方四正）。所以，定吉凶是圍繞這些具體內容來展開的，這些內容也是「吉凶」賴以存在的物質基礎。

本書內容主要分為兩部分：

第一個主要部分是「巧妙記憶」星情，把星情和三國人物融合到一起，目的是透過這些大家熟知的傳統故事，讓大家能順利的、快速的把握每一個主星的核心星情。這是我們預測的基礎。

第二個主要部分是判斷吉凶的例題，在講述的時候，主要有兩個思路：一是星曜的星情有多個維度，二是不同的星曜組合到一起出現不同的含意，我們進行逐一講解，有分解（吉凶分析）和總結（吉凶判斷），讓大家看清楚星曜的星情是怎麼被翻譯成大白話的。希望透過這些內容能幫助大家更快的入門和精進。

三禾山人　辛丑年二月
於中國陝西省寶雞市

目錄

第三章 紫微斗數精簡案例

第一章

聽故事，巧記星情

第一章 聽故事，巧記星情

以下歷史人物資料，參考了
《三國演義》羅貫中
《三國志》陳壽

第一節 劉備與紫微星

紫微星
代表人物—劉備

為什麼說紫微星的代表人物是「劉備」呢？

紫微星情之一：慈愛寬厚、愛民如子、忠義、仁政愛民、重視名譽、耿直、威嚴、穩重、自重自愛。

第一件事，從小就有志氣：劉備是中山靖王之後，但是劉備的父親劉弘「不仕」而且早亡，所以劉備小時候家境貧寒，跟母親以編製草席、草鞋維生。劉備家有一棵高達的桑樹，樹冠形如車蓋，劉備與小夥伴在樹下樂，指著桑樹說：「我長大以後會乘坐這樣華蓋的車子。」

第二件事，桃園三結義：西元184年，劉備、關羽、張飛三人意氣相投，於桃園中，三人焚香結拜為兄弟，誓詞的內容大意有兩部分：一是結為兄弟，不求同年同月同日生，只願同年同月同日死。二是救困扶危，上報國家，下安黎庶。這段誓詞就是三人的人生注釋，有義氣，有忠誠，義氣為兄弟，忠誠為國家社稷。

第三件事，謙讓徐州：西元 194 年，曹操進攻徐州，劉備應孔融之約救援徐州，初戰告捷，後來曹操退兵。陶謙說中奏朝廷，把徐州交給劉備。但是，劉備說，一則功德不足，二則是出於義氣前來相助的，不能接受盛情。這樣反覆談過三次，直到陶謙死前，劉備才接受。

第四件事，對待劉表：荊州兵精糧足，是一個施展抱負的地方，對此各路諸侯都垂涎三尺。西元 208 年劉表年邁將死之前，曾說把荊州交給劉備掌管，劉備念念不忘同宗之情，不忍心奪人地盤，怕落下趁人之危的壞名聲。

第五件事，攜民逃奔：西元 208 年七月，曹操親率大軍南征荊州，劉備戰敗，一路狂逃，從樊城、襄陽、江陵、當陽到江夏，但是逃難路上也不丟下樊城的老百姓，曹操曾在徐州屠城，百姓害怕，劉備說以民為本、以民為重、以民為貴。十餘萬人跟隨劉備逃難，拖延了行軍速度。

第六件事，對待徐庶：西元 201 年，劉備屯兵新野，徐庶前往投奔，徐庶成為劉備在新野時期的軍師，西元204年在徐庶指揮下，打敗了曹仁，破了他的八門金鎖陣，並偷取樊城。使劉備的軍心大振，使曹操膽寒。這期間，讓劉備嚐到了人才和智慧的甜頭。208年曹操把徐庶的母親擄至許昌做人質，逼迫徐庶前來投靠。劉備深感萬般不捨，徹夜流淚。期間手下建議：不放徐庶走，那樣曹操一定會斬其母，徐庶就會為報仇而傾心專注輔佐您。但是劉備說寧死也不能做不仁不義之事。

透過這幾段故事可以看出，劉備是一個仁厚愛民、有胸襟抱負的人，一個珍視名譽的人。

諸如這些，與紫微星情中「慈愛寬厚、愛民如子、忠義、仁政愛民、重視名譽、耿直、威嚴、穩重、自重自愛」是相似的。

紫微星情之二：判斷力強、富管理能力、知人善用、有領導才能、禮賢下士、謙遜禮貌、雄才大略、宏觀意識強、理想遠大。

第一件事，煮酒論英雄：西元 199 年，劉備依附曹操於許都，一日，邀請劉備喝酒聊天，期間曹操說「天下的英雄，只有你我兩人而已」。劉備大吃一驚，手裡筷子掉在地上。劉備之所以害怕是因為曹操「挾天子以令諸侯」，而皇帝之前和劉備公開認親並喊他皇叔。劉備深知被曹操惦記上的後果嚴重，後來以請征袁術為由果斷脫身。

第二件事，三顧茅廬：西元 201 年，曹操討伐劉備，劉備敗投劉表，屯於新野。後來劉備得到徐庶的輔佐，打了幾場漂亮仗。但是沒幾年曹操搶走了徐庶，西元 207 年徐庶臨走前推薦了諸葛亮，說得到諸葛亮就可以得到天下了。第一次，劉備和關羽、張飛帶著禮物，去南陽郡鄧縣拜訪諸葛亮，而諸葛亮出門了，並且家人不知何時歸。劉備惆悵而歸。又過了些日子，打聽到諸葛亮已回，劉備和關羽、張飛頂著風雪再次去拜訪諸葛亮，可是諸葛亮出遊了，劉備非常失望，只好留下一封信說明來意。西元 208 年春天，劉備齋戒三日又選了個吉日，第三次去拜訪諸葛亮。這次，諸葛亮正好在睡覺。關羽、張飛在大門外等，劉備不敢驚動他，在臺階下靜候，一直到諸葛亮醒來。

第三件事，白帝城評價馬謖：西元223年，劉備伐吳失敗，在白帝城，劉備病臥在床上，單獨向諸葛亮交代後事，在說道馬謖這個人的時候，劉備問「丞相觀馬謖之才如何」？諸葛亮說「堪稱當世之奇才」。劉備說「不然，朕觀此人言過其實，不可大用」。西元228年，在北伐時，馬謖擅自改變作戰計畫，不聽作戰指令，導致街亭失守、蜀軍撤退，而被諸葛亮斬首。由此可見在用人問題上，劉備的水準高於諸葛亮。

透過這幾段故事可以看出，劉備知人善任、親賢愛士、會用人、能團結人；也是一個堅忍不拔、打不垮的硬骨頭。

諸如這些，與紫微星情中「判斷力強、富管理能力、知人善用、有領導才能、禮賢下士、謙遜禮貌、雄才大略、宏觀意識強、理想遠大」是相似的。

紫微星情之三：主觀強、好弄權、發號施令、風流好色、任性自負、剛愎自用、虛偽、虛榮心強。

第一件事，和劉表暢談：207年，劉表和劉備有過那一次促膝長談，兩個人談到了荊州的局勢，也談了劉表的「傳位」問題。然後，劉備感慨歲月蹉跎卻沒有建功立業，劉表勸勉說，賢弟會成功的，當年曹操青梅煮酒，不也說你是英雄嗎，何慮功業不建乎？劉備說「我只是苦於沒有地盤，若是我有基業，天下碌碌之輩，成不足慮也」！劉表默然。一次失言洩露劉備的野心和高傲。

第二件事，劉備稱王：從背景上說：220年在劉備大舉伐吳之時，孫權向曹魏稱臣，曹丕封孫權為吳王，孫權藉魏國之勢為自己撐腰，震懾劉備。219年，劉備取得漢中之戰的勝利，佔據漢中，漢中是益州門戶，領土得到擴張，擁有益州和荊州，進而自立漢中王。從冊封者身分來說：213年，漢獻帝冊封曹操為魏公，曹操曾擔任東漢丞相，於216年晉封為魏王。220年，孫權向曹魏稱臣，曹丕封孫權為吳王。219年，劉備自立漢中王。而漢高祖劉邦做過一段時間漢中王，漢中也是劉邦的龍興之地，劉備素來以興復漢室為己任的，難道也在想做皇帝?!

第三件事，劉備稱帝：西元221年，劉曹丕篡漢建魏，劉備的大小臣僚勸他稱帝，滅魏興劉，他執意不肯，但後來卻對孔明說：「吾並非推辭，二弟之仇未報，怎能稱帝啊！」所以劉備也有虛偽的時候。

第四件事，乘龍快婿不思歸：西元 209 年，劉備以入贅形式娶了孫尚香。孫尚香，身材好，尚武，是個桀驁不馴、假小子一樣的女人，但是絕對不醜，否則東吳也不會拿她與劉備結親。劉備在東吳與孫尚香如漆似膠、纏綿不已，沉溺在溫柔鄉之中，住在孫夫人城中，竟然不想盡快回荊州。和孫尚香的婚姻是政治婚姻，這本來是吳國的「美人計」，意在扣押劉備換回荊州。這些劉備原先是明白的，但是不能自拔，幸虧臨行前諸葛亮給趙雲一個錦囊妙計，否則後果真不知道會怎樣。

第五件事，夷陵之戰失敗：失荊州、關羽被殺、張飛被害，接連的沉重打擊下，劉備聲嘶力竭地說：「二弟俱亡，朕安忍獨生哉。」不聽諸葛亮和趙雲等的勸諫，西元 221 年七月，劉備親率大軍，毅然決然地攻打吳國。結果在夷陵之戰中慘敗於陸遜之手。西元 222 年四月，劉備惱羞成疾，病故於白帝城。

透過這幾段故事可以看出，劉備領導慾望強、喜歡掌握權力；也是一個好色、任性霸道的人。

諸如這些，與紫微星情中「主觀強、好弄權、發號施令、風流好色、任性自負、剛愎自用、虛偽、虛榮心強」是相似的。

郭嘉曾經說：劉備雄才而甚得眾心。劉禹錫曾經說：天地英雄氣，千秋尚凜然。

綜上所述，紫微星的代表人物是劉備。用劉備比喻紫微星，目的是讓大家想到「劉備」或者想到那些故事，就知道紫微星的基本星情，便於記憶。

第二節　周瑜與貪狼星

貪狼星

代表人物—周瑜

為什麼說貪狼星的代表人物是「周瑜」呢？

貪狼星情之一：相貌好、好飲酒、愛好歌舞音樂等娛樂形式、才華橫溢、多才多藝、生活多彩多姿。

西元 208 年，赤壁之戰前夕，諸葛亮去周瑜府上用激將法說服周瑜抗曹，諸葛亮稱讚說周瑜是一代儒將，民間有「曲有誤，周郎顧」的說法等等。

周瑜為了向劉備討回荊州，設計借道伐西川，被諸葛亮識破他「假途滅虢」。

周瑜被氣得當場吐血昏迷，被迫回兵，在途經的山上，忽聞琴聲，問左右「是誰彈奏我的長河吟」，才看見諸葛亮在山頭彈奏。《長河吟》是周瑜原創曲子，餘暇之時，周瑜與小喬在江邊相依彈唱此曲。

史料中說周瑜「長壯有姿貌」；三國演義中說周瑜「儀態風流」等。

三國演義中多次有周瑜喝酒的場景，比如與孫策、蔣幹、魯肅等。

透過以上的故事可以看出，周瑜是一個風流儒雅、多才多藝的「大帥哥」。

諸如這些，與貪狼星情中「相貌好、好飲酒、愛好歌舞音樂等娛樂形式、才華橫溢、多才多藝、生活多彩多姿」是相似的。

貪狼星情之二：聰明、靈敏機巧、足智多謀、學習力強、多謀善斷。

第一件事，蔣幹盜書：西元208年，曹操八十萬大軍南下，諸葛亮說服孫權一起抗曹。但是孫劉聯合後，能拿出來的兵力也僅僅只有五萬，這該如何是好。這一天，周瑜的故友蔣幹相訪，蔣幹當時為曹操的幕賓，他的來意是說服周瑜投降的。但是周瑜說：今天只喝酒敘舊不談國事。不過，周瑜心生一計，他知道曹軍中只有蔡瑁、張允二將精通水戰，決心利用蔣幹的手來除掉他們。宴罷，周瑜酩酊大醉，被蔣幹扶回帳中，同榻而眠。蔣幹心中有事，哪裡還睡得著？他到桌前，拿起一疊文書偷看，其中有一封書信，內容是曹操的水軍都督蔡瑁、張允寫給周瑜的降書。蔣幹大驚。第二天一大早匆匆辭別回到曹營，報告曹操，斬了蔡瑁、張允。曹操上當。新換的水軍都督沒有經驗，這是赤壁之戰勝利的基礎之一。

第二件事，龐統獻連環計：蔣幹為了找回面子，第二次見周瑜，來刺探軍情。周瑜一面佯裝生氣把蔣幹軟禁到西山，一面請來足智多謀的名士龐統幫助，按照預定的安排，蔣幹在西山「巧遇」龐統，並把他推薦給曹操，曹操很珍惜與龐統的會面並請賜教，龐統建議把戰船用鎖鏈連在一起，這樣有利於這些習慣了陸戰的士兵作戰。因為龐統當時只是一個世外高人，不是孫權和劉備的人，所以曹操沒有懷疑，很快就照辦了。這就是「連環計」，是赤壁之戰成功的基礎之二。

第三件事，苦肉計：前番蔡瑁、張允被曹操斬首，曹操派其弟弟蔡和、蔡中到周瑜大營詐降，心如明鏡的周瑜裝聾賣傻地留下二蔡，將計就計，實施苦肉計。這一天，周瑜與眾人商討滅曹之計，黃蓋說，實力懸殊不如早降，周瑜大怒，下令將黃蓋拖出去打五十軍棍，黃蓋皮開肉綻，鮮血直流，昏死過去。此事被二蔡通報給了曹操。之後，黃蓋給曹操去投降信，曹操深信不疑。納降之日，黃蓋的引火船沖入曹營，把曹操用鐵鍊固定起來的幾千艘戰船燒成灰燼。你曹操用蔡和、蔡中詐降，我周瑜用黃蓋詐降，這就是著名的「苦肉計」，是赤壁之戰成功的基礎之三。

第四件事，詐死戰敗曹仁：赤壁一戰曹操大敗，周瑜想乘勝奪取南郡，這一點曹操早已料到，離開時留下大將曹仁等駐守南郡，並且留下一個錦囊妙計。急於取勝的周瑜上了曹操的當，被亂箭射中胸部翻落馬下，幸好有手下拼死救回，周瑜的軍隊大敗。之後曹仁反攻罵陣，周瑜強忍劇痛勉強出陣，但是慘叫一聲，吐血栽倒馬下。被救回到營寨之後周瑜詐死，引誘曹仁來偷襲。四周埋好了伏兵。曹仁果然中計了，周瑜帶人四面八方殺來，曹仁只好放棄南郡逃走。

透過這幾段故事可以看出，周瑜是一個足智多謀、才智超群的人，也是一個善

於學習的人。

諸如這些，與貪狼星情中「聰明、靈敏機巧、足智多謀、學習力強、多謀善斷」是相似的。

貪狼星情之三：念舊、善於交際、有親和力。

周瑜在年少時就與孫策交好，21歲起隨孫策奔赴戰場，到西元200年，歷經數十次大小戰役才平定江東，孫策曾經說「我有了你，事就成了」。周瑜與孫策二人建立了很深的友誼。

在輔佐孫策的階段，袁術發現周瑜很有才幹，想收為己有，說冊封周瑜為將軍稱號，周瑜不為所動，說只想到居巢縣做縣令，居巢離長江很近，周瑜的企圖是從居巢順流而下直奔江東，能援助孫策。

西元200年，孫策遇刺身亡，孫權繼任，周瑜與張昭共輔朝政。

在輔佐孫權的階段，曹操想收服周瑜，曾派蔣幹前去遊說，周瑜堅決的回絕了蔣幹。

在居巢期間，周瑜結識了臨淮東城的魯肅，成為好朋友，二人結伴東渡，共同輔佐東吳。

程普是三朝老臣，曾跟隨孫堅、孫策，戰功赫赫，但是也因此看不起年輕的周瑜。多次當面侮辱他，周瑜都不跟他計較，最後程普被感化，曾說「與周公瑾交，若飲醇醪，不覺自醉」。

透過這些故事可以看出，周瑜是一個很珍視友情的人，也很會為人處世，喜歡結交有本事的人。

諸如這些，與貪狼星情中「念舊、善於交際、有親和力」是相似的。

貪狼星情之四：任性、倔強、佔有慾強、貪得無厭、好高騖遠、奸詐陰險、野心十足、善妒。

赤壁之戰之前，周瑜與諸葛亮有過幾次「智力交鋒」。

第一次，周瑜讓諸葛亮去聚鐵山劫糧：周瑜說面對曹操八十萬大軍，我們只有五、六萬人，可以先斷曹兵糧道，請諸葛先生切莫推辭。諸葛亮欣然允諾。魯肅去問諸葛亮有把握嗎？諸葛亮說，放心吧！我是全能無敵，不像你們周都督只善水戰。魯肅很生氣地稟告周瑜，周瑜聽後大怒說，你回去告訴諸葛亮，我要親自去聚鐵山劫糧。魯肅回來傳話，諸葛亮卻說，周都督去了就是一個死，曹操本人善於劫糧，他的糧道必有重兵把守，周都督和我一樣，都無法劫糧。大敵當前，你我都應以大局為重。你回去告訴周都督不要去劫糧了。周瑜想借曹操的刀殺諸葛亮失敗了。

第二次，周瑜讓諸葛亮三天時間打造十萬支箭：有一天，周瑜請諸葛亮議事說，現在我們軍中缺箭，想趕造十萬支，但是只有十天時間，希望諸葛先生不要推卻。諸葛亮說三天足夠，並立下軍令狀。周瑜很高興。魯肅很擔心，去見諸葛亮。諸葛亮說請幫我準備二十艘戰船，每艘船上一面戰鼓、十個鼓手、五十個草人。但一定不要告訴周都督，一定會有十萬支箭。第二天晚上大霧瀰江，對面不見人。諸葛亮出動船隻佯裝偷襲曹軍水寨，曹操怕中埋伏，不敢出兵，只叫弓弩手朝他們射箭，一萬多名弓弩手一齊放箭，諸葛亮的船上喊殺聲不斷，曹軍就不停的放箭，這樣一直到天亮。船上的草人都插滿了箭，諸葛亮駛回南岸，順利完成造箭任務。就這樣打破了周瑜的詭計。

第三次，周瑜讓諸葛亮借東風：赤壁大戰的準備工作已經就序，但是冬天很少颳東南風，這就無法實施「火攻」的整盤計畫。周瑜急病了。諸葛亮去探病說願為破曹借風。周瑜很高興，為諸葛亮築起七星台。其實，諸葛亮早已經運用奇門遁甲等預測方法算定三日內有東南風。七星台、道服、寶劍、香爐只是一種儀式。這天夜裡三更時分，東南風驟然而起，瑜駭然說：此人有奪天地造化之法、鬼神不測之術，不能留也。他派丁鳳、徐盛二將去殺諸葛亮，並且囑咐說，休問長短，拿住便斬，提頭領賞。但是，二將趕到時，諸葛亮早已離開多時。第三次粉碎了周瑜加害的陰謀。

透過這幾個故事可以看出，周瑜是一個嫉賢妒能、陰險狡詐、口是心非的人。

諸如這些，與貪狼星情中「任性、倔強、佔有慾強、貪得無厭、好高騖遠、奸詐陰險、野心十足、善妒」是相似的。

貪狼星情之五：多學少精、貪歡享受。

「瑜少精意於音樂」，不過東漢末年到三國時期不光英雄輩出，對文學和音樂發展來說，也是一個重要時期。在文學上有「三曹」、「竹林七賢」等；在音樂上有嵇康、蔡邕、蔡琰、杜夔等。但是，從文學和音樂上的成就來看，周瑜沒有流傳於世的作品，比不上曹操、蔡邕等人。

大喬和孫策在一起只有半年時間，小喬陪伴了周瑜十二年時間。孫策和周瑜都是中了曹軍的毒箭引發死亡的，這是主要原因。但是兩個舉世美女的婚姻都出現這樣的情況，是巧合嗎?這讓很多人百思不得其解。自古美女愛英雄，也有說自古英雄難過美人關，孫策、周瑜兩人當然是那個時候的英雄，但是與諸葛亮比較，你會發現，諸葛亮的妻子黃月英是一個醜女，難道諸葛亮不是英雄?!但是仔細分析，周瑜與諸葛亮的區別，不在軍事、音樂和文學上，也不在於勤奮和忠誠上，而是人生的境界上，同樣是有本事的人，周瑜是聰明，而諸葛亮是智慧。對於選擇妻子這件事上，也同樣能看出兩個人的境界是不同的。黃月英雖然其貌不揚，但是聰慧異常，據傳說「木牛流馬」是她研究出來，她被尊稱為「機器人的鼻祖」。雖然大喬和小喬也是琴棋書畫無所不通，但是相較之下，大喬和小喬似乎更像是花瓶。

透過這些故事可以看出，周瑜是一個貪戀女色的人，是一個多學少精的人。諸如這些，與貪狼星情中「多學少精、貪歡享受」是相似的。

鄭板橋曾經說：周郎年少，正雄姿歷落，江東人傑。

綜上所述，貪狼星的代表人物是周瑜。用周瑜比喻貪狼星，目的是讓大家想到「周瑜」或者想到那些故事，就知道貪狼星的基本星情，便於記憶。

第三節 楊修與巨門星

巨門星

代表人物──楊修

為什麼說巨門星的代表人物是「楊修」呢？

巨門星情之一：聰敏、心思縝密、銳利、細膩、口才佳、耿直、理解力強、辦法多、愛鑽研、有上進心。

曹操是《三國演義》中的主要人物之一，要說清楚曹操這個人，除了他的軍事才能之外，還有一個重要的方面就是文學才能，然而，要說曹操的文學才能，總繞不開一個人，那就是「楊修」。

楊修（西元175年─西元219年），東漢末年的文學家。楊修的基因極其高貴，他父親這一邊是關中望族—弘農楊氏，家族人物輩出，冠冕相承，可以說四世三公。而他母親這一邊是汝南袁氏，母親是「袁術、袁紹」的姐妹，也是四世三公的豪門士族。可以這麼說，楊修是東漢兩大頂級家族的血統匯聚而成的，楊修是豪門士族的代表，古代知識份子中的精英類人物，一舉一動影響深遠。

楊修讀書刻苦，博覽群書，家學深厚而且又聰慧過人，對事、對人總有獨特的見解，從小就很有名氣。楊修一生著述頗多，現今還有作品存世，比如有《答臨淄侯箋》、《神女賦》、《孔雀賦》等。三國時期，楊修任丞相府主簿。曹操喜歡楊修的才華，也經常誇獎楊修辦事效率高。曹丕和曹植也很喜歡楊修，常與他在一起切磋詩文。尤其是曹植，更是與楊修走得很近。

有一天，曹府正在修建大門，建好後曹操來視察。曹操在門上寫了一個「活」字就離開了。楊修說，魏王是嫌門太大了。後來改工以後，曹操再來的時候，很高興，當知道了是楊修的主意以後問，「汝何知我意」。楊修說，門字裡面一個「活」字就是「闊」，就是說門有點大了。曹操聽罷點點頭，投來讚許的目光。

還有一次，有人送給曹操一盒點心，曹操吃了一點，在盒蓋上寫三個字「一合酥」離開。眾莫能解。楊修說，「魏王是讓我們每人吃一口，還猶豫什麼呢？」曹操回來後，疑惑的望著大家，有人說是楊修讓吃的，楊修上前解釋說，這是按照您的吩咐做的啊！把「一合酥」的「合」字拆開，就是一人一口酥啊，曹操對楊修的解釋很滿意。

透過這兩段故事可以看出，楊修出身於名門望族、經學世家，是一個極其聰明而又大膽的人，也是一個不會掩飾自己才華的人。

諸如這些，與巨門星情中「聰敏、心思縝密、銳利、細膩、口才佳、耿直、理解力強、辦法多、愛鑽研、有上進心」是相似的。

巨門星情之二：反覆無常、恃才傲物、直言不諱、多嘴多舌、善辯、言詞尖銳、明爭暗鬥、不服輸、小人多、好動。

曹操在立太子的問題上猶豫不決，造成了奪嫡之爭，牽連了兩人身邊的謀士。

在政治和軍事才能上曹丕更勝一籌，而曹植才華橫溢，長於文學上，他的文章筆力雄健辭藻華美，楊修也很欣賞。因此與楊修有較多來往。無意之中，楊修已經參與了「奪嫡之爭」。

有一次，曹操想考驗曹丕和曹植的才幹，讓他們去城外辦點事，但是私底下吩咐守衛不允許放行。曹丕在大門口無奈而返。曹植問楊修這事該怎麼辦，楊修說，你是奉命出門，誰敢攔阻？於是曹植到門口，殺了守衛，出門辦事去了。曹操對曹植的表現很滿意。但是後來卻聽說是楊修出的主意，曹操還聽說，在對兒子的歷次考試中，曹植都受到楊修等人的幫助才那麼順利地通過，曹操很生氣。

幫助曹丕的謀士有司馬懿、陳群、吳質、朱鑠、賈詡等。其中這個「吳質」，做事謹慎、老謀深算。為了幫助曹丕立為太子，他經常到曹丕府中出謀劃策，但是吳質很擔心引起曹操猜疑，他就藏在筐子裡，上面蓋上絲綢，讓人抬進曹丕府中，後來，這個小把戲被楊修發現了，楊修彙報給曹操。曹丕很緊張，吳質說，不能停，把裝滿的絲綢繼續抬進曹丕府上。不出所料曹操果然派人檢查裝絲綢車和筐，結果只是絲綢，根本沒有楊修說的那回事。曹操很不高興，覺得楊修是故意陷害曹丕，誤導自己的視線。

曹丕還拉攏人稱「鬼謀」的賈詡，他可是曹操的重臣。加上善於謀略的司馬懿等人。相較之下，曹植陣營的書卷氣息有點濃，楊修、丁儀、邯鄲淳等人雖然是成名的文學家，但是不擅長政治和權術，怎麼能與司馬懿等陰謀家並論呢？最終，曹丕透過運作和努力，奪嫡之爭成功了。

曹植失寵後，楊修也曾經刻意地疏遠他，但是來往的密度還是不小的。

西元 219 年曹操親征漢中，楊修做為謀士隨軍前往。結果曹軍久攻不克，回兵又怕劉備恥笑，進退兩難，猶豫不決。這天曹操在帳中喝雞湯，此時，夏侯惇來請示當夜口令。曹操隨口說「雞肋！」楊修聽說這個口令以後，便說「雞肋者，食之無味，棄之可惜。看來魏王這幾日就會班師回朝，早點準備行裝吧！免得臨行慌亂」，於是隨行軍士紛紛收拾行裝，曹操知道後很是震驚，用「擾亂軍心」的罪名，殺害了楊修，時值四十五歲。不過，曹操後來被劉備的大將魏延射掉兩顆門牙，還是匆匆收兵了，應驗了楊修的話。

在被綁縛斬首前，楊修還說了一句，「早知道會有這麼一天」。其實，就算不死在曹操手裡，也會死在曹丕手裡。西元220年丁儀、丁廙被即位後的曹丕滿門抄斬，這就是明證。

一個才華橫溢的人，因為聰明反誤了卿卿性命，成了政治的犧牲品。

透過這些故事可以看出，楊修是一個被捲進政治鬥爭的書生，一個恃才放曠的人，一個不懂得掩飾的人，一個多嘴多舌、不服輸的人。

諸如這些，與巨門星情中「反覆無常、恃才傲物、直言不諱、多嘴多舌、善辯、言詞尖銳、明爭暗鬥、不服輸、小人多、好動」是相似的。

曹操曾說「我才不及卿」。羅貫中說「……筆下龍蛇走，胸中綿帛成，開談驚四座……」。

綜上所述，巨門星的代表人物是楊修。用楊修比喻巨門星，目的是讓大家想到「楊修」或者想到那些故事，就知道巨門星的基本星情，便於記憶。

第四節 曹操與廉貞星

廉貞星

代表人物—曹操

為什麼說廉貞星的代表人物是「曹操」呢？

廉貞星，是一顆「星情」很複雜的星，主要體現在兩點：堅韌與靈活並存，權力慾望和感情色彩兼有。就這樣亦正亦邪的矛盾而統一。

廉貞星情之一：胸懷大志、有理想有抱負、追逐權力。

曹操從年輕的時候就是一個胸中有日月的人，有著治國安邦的遠大抱負，這一點，有兩件小事能體現出來：

第一件事：西元 174 年，曹操做洛陽北部尉。在那個時候，洛陽是都城，是皇親國戚聚集之地，這些人都自持有背景，一個比一個牛逼，很難管理。曹操就任後，首先嚴明法紀，製造了十根五色大棒，懸於衙門左右牆上，並且寫明凡是違反禁令者「棒殺之」。有一天，宦官蹇碩的叔父蹇圖違禁，而那時宦官蹇碩是皇帝寵幸的人。但是，曹操毫不留情地將蹇圖依法處死。從此以後「京師斂跡，無敢犯者」。當然，時間久了，曹操得罪了不少當朝權貴，後來，被調任頓丘令（河南濮陽市清豐縣）。

第二件事：西元 184 年，曹操做騎都尉，在潁川率眾大破黃巾軍，後調任濟南。當時濟南下轄十多個縣，各縣官吏貪贓枉法，官場一片狼藉。曹操到任後，大力整頓，大半的官吏被他奏免掉，濟南上下震驚，自此「一郡清平」。

當然，不僅僅如此，曹操的偉業雄心是貫穿一生的。在曹操的戎馬生涯中，一面開疆闢土，還不忘關心地方事務，他曾經做過很多利國利民的事情。施行屯田，讓崩潰的農業得到恢復和發展；改革戶籍制度，以減輕農民的負擔；興修水利，並卓有成效。還提倡廉潔，甚至他的遺囑中還寫道「斂以時服，無藏金玉珍寶」。

諸如這些，與廉貞星情中「胸懷大志、有理想有抱負、追逐權力」是相似的。

廉貞星情之二：目的明確、執著不息、敢作敢為、為達到目的不擇手段、殘暴、機警靈活。

在《三國演義》中，關於曹操的故事太多，在這裡，我們只選擇下面六件事情來講述——

第一件事，煮酒論英雄：西元198年6月的一天，曹操約請劉備一起飲酒，當時酒至半酣，兩人遙看天上變幻的風雲，曹操感嘆說：「當今世上有誰能夠稱得上英雄？」此時寄人籬下的劉備，用反問的口氣說：「是劉表嗎？……是袁術嗎？……是袁紹嗎？」結果都被曹操嗤之以鼻。操以手指玄德，然後自指，曰：「天下英雄，唯使君與操耳。」玄德聞言大驚，手中匙箸，不覺落地。透過這段故事可以看出，曹操是一個目的明確、敢作敢為的人。

第二件事，官渡之戰坑殺七萬降兵：西元200年，經過一年多的戰鬥，曹操出奇制勝，擊破袁紹。俘虜袁軍七萬餘人。但是，曹操覺得這些投降的士兵並不是真心歸順，難以管理，並且當時軍糧缺乏，於是找理由讓部分投降過來的兵挖坑，然後分批的射殺在坑裡埋了。透過這段故事可以看出，曹操是一個為達目的不擇手段的人，是個殘暴的人。

第三件事，誤殺呂伯奢：在《三國演義》中，西元 191 年，曹操在洛陽刺殺奸賊董卓未遂，為躲避官府追緝，逃竄到故交呂伯奢住處投宿。呂伯奢誠意款待曹操，外出買酒，家人準備殺豬接風，不料磨刀聲驚醒曹操，操以為呂家要殺他，因此先下手為強，殺掉呂家七口人，逃出呂家路上遇到呂伯奢打酒歸來，但又怕呂伯奢回去看到家人慘死而報官，一不做二不休把呂伯奢也殺了，這讓一同逃命的陳宮大驚，曹操竟然說：寧教我負天下人休叫天下人負我。透過這段故事可以看出，曹操是一個為達目的不擇手段的人，是個殘暴的人。

第四件事，刺殺董卓不成而貢獻寶刀：《三國演義》中，西元 191 年，為了除掉禍國殃民的董卓，大司徒王允和曹操訂下刺殺董卓之計，曹操提著王允送給他的寶刀去見董卓，曹操想趁董卓睡覺時從背後刺殺，拔刀間，董卓在床鏡上發現有刀光閃過，立即坐起來斥問曹操，一看董卓已醒，屋外衛士眾多，此時，呂布也牽馬回來了，曹操隨即跪地舉刀說：「操有寶刀一口，獻上恩相。」然後假裝說道：「讓我試一下此馬。」曹操騎上馬後飛奔而去，這才脫身保命。透過這段故事可以看出，曹操是一個隨機應變的人，是一個機警靈活的人。

第五件事，華容道求生：西元 208 年，赤壁一戰，曹軍大敗，曹操帶領殘兵敗將倉皇逃命，一路上連遭伏兵劫殺，此時正值隆冬嚴寒，黑雲罩地，大雨傾盆，泥陷馬蹄，濕透衣甲，曹操與軍士冒雨忍飢逃竄，最後只剩三百餘騎，往華容道走去，不料，被關羽攔路，眾將皆驚恐，說：「人不怯馬已乏，安能復戰？」曹操只能縱馬向前，央求關羽，說：「我曹操兵敗勢危，到此無路，望將軍以昔日之情為重，當年你過五關斬將之事還能記否？大丈夫以信義為重，諸此云云。」關雲長當然是個義重如山的人，想起當年的知遇之恩，再看看現在曹操的狼狽之象，心中不忍。於是把馬頭勒回，謂眾軍曰：「四散擺開。」此時，曹操和眾將會意，衝了過去。透過這段故事可以看出曹操是一個隨機應變的人，是一個機警靈活的人，是一個能屈能伸的人，是一個不吃眼前虧的人。

第六件事，曹操與張繡的恩怨：西元197年正月，曹操討伐張繡未果，曹操的長子曹昂、姪子曹安民、猛將典韋，戰死疆場。西元199年，曹操攻青州，佔臨淄壽光等地，又屯軍黃河南岸。不久，張繡聽從謀士賈詡之計，投降曹操，張繡與曹操有殺子之仇。但張繡歸降後，曹操不計前嫌，仍拜他為揚武將軍，後來還結為兒女親家。透過這段故事可以看出曹操是一個機警靈活的人，是一個能屈能伸的人。

諸如這些，與廉貞星情中「目的明確、執著不息、敢作敢為、為達到目的不擇手段、殘暴、機警靈活」是相似的。

廉貞星情之三：多變、猜疑妒忌、朋友多知己少、好面子、對人對己都是要求很高。

在大眾的意識之中，曹操是一個奸雄，奸詐狠毒，關於他這方面的性格我們選擇下面這幾件事情來說明：

第一件事，假中風詐叔父：這個小故事在《三國演義》第一回中，講的是曹操小時候貪玩放蕩，他的叔叔就向曹操的父親曹嵩告狀，他父親因此斥責他，曹操懷恨在心，設一計策，有一次曹操看見叔叔走來，就倒地裝中風的樣子，他叔叔趕緊去找曹嵩，曹嵩來了看看曹操沒事似的就問怎麼回事，曹操說：「這個叔叔不喜歡我，惡意中傷我罷了。」從此，這個叔叔再向曹嵩告狀的時候，曹嵩就不理睬了。透過這個小故事，可以看出曹操是一個奸詐、多計謀的人。

第二件事，殺楊修：西元219年，曹操親自率軍攻蜀，但是久攻不下，進退兩難，因此猶豫是否退兵。一天晚上，夏侯惇進帳請示口令，曹操正在喝雞湯，隨口說：「雞肋」。於是雞肋就成了這晚軍營的口令。楊修是一個持才放曠的人，當時是隨軍謀士，之前曾經多次識破曹操的心機並且傳播，同時在政治上站隊曹植，早就令曹操不悅。這次楊修聽說這個口令以後，稍一思索，就對大家說：「魏王要撤軍了，趕緊收拾行李吧！」有人問你怎麼知道的，楊修說：「雞肋，食之無肉，棄之可惜。」結果消息傳開，整個軍營都開始收拾行李做撤軍的準備了。曹操聞訊震怒，以「亂我軍心」的罪名殺了楊修。透過這個故事，可以看出曹操是一個嫉賢妒能的人，是一個好面子的人。

第三件事，殺許攸：許攸本是袁紹的謀士，足智多謀、才華橫溢，同時也是曹操的故友。西元200年官渡之戰的時候，曹操難以速勝，僵持日久，糧草不足，很是著急。在這個關鍵點上，許攸前來投誠曹操，並且給曹操獻計「奇襲烏巢」，而烏巢是袁紹的糧草要地，經過這一戰，袁紹糧草被燒而軍心大亂，這才從根本上扭轉了戰局，進而一併取得了決定性勝利。可以說許攸是取得官渡之戰勝利的關鍵因素，也因此曹操封賞他、重用他，許攸呢，就憑藉這個整天沾沾自喜、輕視其他人，甚至連曹操都不放在眼裡，結果惹惱了曹操的大將許諸，被許褚斬殺。這個時候曹操呢，只是淡淡的說許攸是自己的故交、怎麼可以這樣呢？也沒有懲罰許褚。透過這個故事，可以看出曹操是一個善變的人，是一個翻臉無情人，對人對己要求很高。

第四件事，夢中殺人。曹操大權在握，但是為了實現野心殫精竭慮，他很擔心有人暗算他，常囑咐侍臣和姬妾們說：我睡覺的時候切莫靠近，我有夢中殺人的毛病。」一日，曹操佯裝熟睡，故意沒蓋被子，一個近侍好心去幫他蓋被子，結果被一躍而起的曹操一劍砍死。然後曹操一言不發，重新躺倒睡覺。半晌醒來，驚訝道：「怎麼回事？誰殺的？」其他近侍以實相告，曹操裝作後悔不已、痛哭流涕，命人厚葬。從此曹操得以安眠。透過這個故事，可以看出曹操是一個多疑的人、奸詐的人。

諸如這些，與廉貞星情中「多變、猜疑妒忌、朋友多知己少、好面子、對人對己都是要求很高」是相似的。

廉貞星情之四：好色、多情，但是忠貞。

曹操並不僅僅是一個暴躁奸詐的武夫，他在戲曲中都是以「白臉」出現，因為白臉就代表著奸臣，其實，他還是一個感情澎湃、才華橫溢、好學不倦的人，他是建安文學的代表人物（也稱建安風骨）。現存曹操詩歌近30首，膾炙人口的也不少，比如：「對酒當歌，人生幾何。譬如朝露，去日苦多」——《短歌行》

「白骨露於野，千里無雞鳴」──《蒿里行》

「青青子衿，悠悠我心」──《短歌行》

「秋風蕭瑟，洪波湧起。日月之行，若出其中；星漢燦爛，若出其裡。」──《觀滄海》

「老驥伏櫪，志在千里」──《龜雖壽》

都是大家所熟知的。他用詩歌抒發渴望建功立業的雄心壯志。余秋雨點評說：曹操寫的是宇宙人生。

而大家都知道，寫詩歌是需要真情的，沒有憂國憂民的真情斷然不會寫出這樣的詩。而詩人都是多情的，沒有飽滿的感情是不會有感而發的。透過這些詩歌，可以看出曹操是一個多情的人，是一個感情深沉炙熱的人。

當然，曹操的多情還有一個走向，據史料記載，曹操有15個老婆，31個孩子，這夠精力充沛了吧！而且他的老婆很多是從別人那裡搶奪來的，比如─

1、呂布的手下部將秦宜祿的妻子杜氏，就因為漂亮，就被曹操搶了過來。杜氏為曹操生了曹林和曹袞兩個兒子。

2、大將軍何進的兒媳婦尹氏，何進的兒子何咸早逝，尹氏曹操就收編了。尹氏為曹操生了曹矩。

3、張濟的妻子（張繡的嬸嬸）鄒氏。鄒夫人長得很美，被曹操搶過來當他的小妾。

據說曹操還惦記過著名的大喬、小喬，這都是傳聞了。總之曹操很好色。透過這些故事，可以看出曹操是一個多情的人，是一個好色的人。

不過，曹操對於原配夫人丁夫人，卻表現出另一種感情姿態。丁夫人，她是曹操的原配正式夫人，善良仁厚，她不能生育，曹操的長子曹昂是劉夫人所生，劉夫人早逝，把孩子託付給丁夫人，丁夫人視同親生，萬分疼愛，撫養曹昂長大成人，曹昂二十歲時被舉為孝廉，曹昂從小隨軍，有武略，前途遠大。

西元 197 年，因為曹操霸佔張繡的嬸娘，張繡不滿而反叛，在宛城大戰，曹操戰敗，曹昂為救父親脫逃，戰死。丁夫人聽聞曹昂的噩耗，痛不欲生。責罵曹操說：「你貪歡好色，逼反張繡，害死了曹昂！」又怨恨曹操丟下兒子只顧自己逃命。曹操十分的內疚和自責，對丁夫人的數落一忍再忍。終有一次，曹操按捺不住，將丁夫人遣送回了娘家。

丁夫人回到家中，斷卻塵緣，終日紡紗織布，過著清淡的生活。曹操幾次去接她，但她還是不肯回來。

後來，曹操又派人強行將丁夫人接回。但是回家後的丁夫人一言不發，曹操無計可施，只好又將她送回娘家。過一段時間，曹操又派人將丁夫人接回，丁夫人依舊不冷不熱，不說一句話。如此，反反覆覆多次，曹操沒有辦法，絕望地嘆息：「唉，真是決絕啊！」怏怏地離去。最後只好和她離婚，還表示男婚女嫁互不干涉。這應該說是丁夫人把曹操休了。

從此之後，丁夫人拒絕見曹操和他的使臣。不久，丁夫人在鬱悶中染病，鬱鬱而終。丁夫人去世，卞夫人請求曹操安葬她，被允許了，曹操痛心疾首。一直到曹操臨終前，還滿懷愧疚的說：「我心中眷顧著她，不曾負心。」說完離世，眼角老淚縱橫。

透過這些故事，可以看出曹操是一個多情的人，也是一個鍾情的人，感情強烈而真摯。

諸如這些，與廉貞星情中「好色、多情，但是忠貞」是相似的。

魯迅曾經說：曹操是一個很有本事的人，至少是一個英雄。我雖不是曹操一黨，但無論如何，總是非常佩服他。

綜上所述，廉貞星的代表人物是曹操。用曹操比喻廉貞星，目的是讓大家想到「曹操」或者想到那些故事，就知道廉貞星的基本星情，便於記憶。

第五節 呂布與武曲星

武曲星

代表人物—呂布

為什麼說武曲星的代表人物是「呂布」呢?

武曲星，其星情主要有四點：第一是勇武；第二是事業野心和剛毅果斷；第三是現實主義；第四是魯莽衝動、目光短淺。

武曲星情之一：剛強勇武、身體壯、力氣大、能吃苦。

第一件事，三英戰呂布：西元 190 年，為匡扶漢室，曹操聯絡十八路諸侯起兵討伐董卓，歃血為盟，推袁紹為盟主。這一天，董卓親率李儒、呂布等十五萬主力發兵虎牢關。袁紹安排八路諸侯迎敵。董卓帳下呂布，頭戴紫金冠、手持方天畫戟、坐下赤兔馬，英勇無敵，先後幾個人都被呂布打敗，這時張飛挺丈八蛇矛來戰呂布，五十個回合不分勝負。然後雲長拍馬加入，舞動青龍偃月刀，又戰三十個回合，仍然沒有打敗呂布。然後劉玄德掣雙劍加入，兄弟三人圍住呂布，轉圈廝殺。八路諸侯以及帳下都看呆了。這就是《三國演義》中著名的「三英戰呂布」

第二件事，打敗張燕：西元 193 年，在常山，袁紹聯合呂布與張燕的主力展開激戰。張燕驍勇善戰，號稱「黑山軍」，這一天，張燕引領精兵數萬人，戰馬數千匹，而呂布只有百餘騎，雙方戰鬥了十餘天，直到雙方各自撤退。呂布之勇，名不虛傳。不過沒過多久，袁紹嫉恨呂布，呂布只好去投奔張楊，袁紹派人追殺，但是，派去的人都害怕呂布，無人敢靠近他。

第三件事，奪徐州：元年 194 年，曹操從徐州退兵，危機暫緩。不久，陶謙病重，讓徐州給劉備。西元 195 年，袁術率軍攻打徐州，劉備留張飛守下邳，引兵與袁術戰於淮陰。這一天，張飛讓將士陪他一起喝酒，曹豹因不愛喝酒而被他責打。曹豹因怨恨，暗中聯繫女婿呂布來攻打徐州。呂布是被曹操打敗而逃奔的小沛，本身也沒有多少人馬和糧草。張飛看不起呂布，經常罵呂布「三姓家奴」，結果呢?還是抵不住呂布勇武，丟失了徐州，當年的徐州相當於一個省，這是劉備第一塊根據地啊，就這麼丟了。

透過以上這幾段故事可以看出，呂布是一個武功高強、英雄善戰的人，所謂「人中呂布，馬中赤兔」。

諸如這些，與武曲星情中「剛強勇武、身體壯、力氣大、能吃苦」是相似的。

武曲星情之二：剛毅果斷、自強不息、重誠信、正義感強、要求過高、權力慾望太大、事業心重、事業第一位、事業野心、敢擔當、負責盡職。

武曲星情之三：現實、務實、愛財、感情脆弱、適應環境能力強。

第一件事，殺丁原：東漢靈帝時，宦官張讓等操權干政。西元189年，靈帝死，大將軍何進為了誅殺亂政宦官，召四方英雄勒兵來京。董卓先到以後，憑藉身擁強兵而驕縱跋扈地挾制皇帝。丁原帶兵進入洛陽後什麼也沒有撈到，在廢帝問題上與董卓的矛盾激化而開戰，丁原帳下主簿呂布一馬當先，所到之處血肉橫飛，如入無人之境。董卓畏懼呂布之勇，派遣李肅前去勸降呂布。李肅是呂布的少年同窗，李肅做了充分的準備才來的，他的整個遊說過程可以說是嚴絲合縫、無懈可擊。第一步，送赤兔馬給呂布，呂布愛不釋手、很高興。第二步，從身分和官職講起，說自己是居虎賁中郎將之職，而賢弟你這麼高的武功才是一個主簿，太屈才了，良禽擇木而棲等等。要想建功立業，必須找到明主和真英雄才行。愚兄我這次就是為了你的前程而來的。第三步，為董卓正名，提升到道德模範的層面。賢弟知表不知裡，當今天子懦弱不能威懾天下，這是大家都知道的，但是誰也不說，這是什麼呢？都是為了自保，都他媽的自私自利，沒有人為國家社稷著想，只有董卓挺身而出，敢說敢做，隻身拯救國家。呂布說：你說的有些道理，感到撥雲見日一樣。第四步，拿出黃金一千兩、明珠數十顆、玉帶一條，並說赤兔馬也是董卓送給你的，董卓仰慕你很久了。到董卓手下你會平步青雲、貴不可言的。第五步，激發呂布，暗示殺掉丁原。要想立功也很簡單，只是怕你不肯做。然後呂布就徑直去丁原的營帳中取了他的人頭。整個過程，李肅講述的聲情並茂。大部分人對於這段故事解讀為呂布是見利忘義、忘恩負義的小人。其實深入剖析，這裡面還能看出另外一個問題。第一、李肅上面講述的過程中大量使用了這些詞彙「官職」、「建功立業」、「前程」、「國家社稷」、「平步青雲」、「扶搖直上」、「貴不可言」、「立功」等等，這些詞彙有什麼作用呢?會讓什麼樣的人熱血沸騰呢?很明顯，是那些事業狂熱的人，有遠大抱負和政治野心的人，才會被這些詞彙煽動。第二、呂布、張遼等人都是出身蒙古等地的驍勇之士，為了建功立業他們才投丁原的帳下，而「主簿」這類的職務屬於地方政府的官署內部職務，是官銜很低的事務官，是個比芝麻粒大不了多少的職務。而要跳出這樣的身分將是一個重大的轉折，誰遇到這樣的機會不動心呢?! 另外，丁原確實收呂布為義子，但是生活中只是一種私人保鏢形式的上下級關係。第三、只有赤兔馬和金銀珠寶是無法打動呂布的，所有這些都是道具和渲染氣氛的東西，真正起作用的還是事業野心。也就是說，李肅的這一番遊說，分為軟硬兩部分，硬的是寶馬和金銀珠寶，軟的是遠大的前程，是雙管齊下的。但是，真正起作用的是存在意識中的事業理想和正義感。

第二件事，殺董卓：這裡有一個淒美的愛情故事，那就是「呂布戲貂蟬」，是大家都熟知的，貂蟬是殺董卓的一個「引子」。但是，當呂布知道董卓霸佔貂蟬以後，雖然脾氣暴躁並沒有立刻去殺董卓，期間還有一段時間，這是為什麼呢？大部分人都解讀為呂布好色、見到美人忘記恩義。其實，呂布在那段時間，一定反思了自己跟從董卓以後的經歷，對董卓進行了一次重新評價，董卓是什麼樣的鳥？專橫跋扈、兇暴殘忍、倒行逆施……，不過這種評價本身是比較客觀的，呂布感覺董卓並不是一開始自己想得那樣好，呂布對自己的人生已經開始迷茫。在這個節骨眼，王允說了殺董卓的計畫，這充分顯示了對呂布的信任，但是呂布並沒有立刻答應合作，王允又說：以將軍之才絕非董太師所能限制；將軍若扶漢室乃忠臣也青史傳名流芳百世，將軍若助董卓乃反臣也載之史筆遺臭萬年。再有李肅加入堅定了呂布的信心。呂布殺董卓的時候也說：奉詔討賊。到這裡，我們可以看出，殺董卓已經從個人恩怨上升到「國家大義」的層面。所以，說到底，貂蟬只是一個引子和刺激因素，沒有這位美人出現董卓也必死，可能不是死在呂布手裡。但是，呂布殺董卓絕不僅僅是美人這一個心理支撐在起作用，還有事業第一的心理在起作用。如果王允在勸說呂布的時候僅僅停留在個人恩怨層面，那真的不一定成功。

透過以上這兩段故事可以看出，呂布是一個事業企圖心很狂野的人，是一個很自信、自負的人，是一個果斷剛毅、有擔當、有正義感的人，是一個很務實、很現實的人。

諸如這些，與武曲星情中「剛毅果斷、自強不息、重誠信、正義感強、要求過高、權力慾望太大、事業心重、事業第一位、事業野心、敢擔當、負責盡職、現實、務實、愛財、感情脆弱、適應環境能力強」是相似的。

武曲星情之四：易衝動、魯莽、有勇無謀、目光短淺。

第一件事，呂布與劉備的恩怨：西元195年，陶謙死後，糜竺奉遺命迎劉備入主徐州。不久，呂布在兗州被曹操打敗逃奔劉備。劉備安置他在小沛屯兵休養。後來，呂布從張飛手裡搶了徐州做了一把手。風水輪流轉，西元196年，袁術在淮陰把劉備打敗，劉備向呂布求和，呂布也是安置劉備到小沛，算是報答劉備之前的收留之恩。但是，這個時候兩人的身分已經互換，劉備擔任豫州刺史，呂布自稱為徐州牧。西元196年十月，袁術派大將紀靈帶三萬人馬征討劉備，劉備向呂布求援，呂布「轅門射戟」，為他兩家和解了矛盾，各自回兵。呂布沒有想到會「養虎為患」。劉備在小沛勵精圖治，招納舊部並且訓練新兵，達到萬餘人。西元198年，呂布與袁術聯合，呂布派張遼、高順等攻打沛城的劉備，攻破沛城俘虜了劉備妻兒，劉備敗走許都依附曹操，與曹操聯合進攻呂布，圍困呂布三個月，還決水圍城。西元199年，呂布手下侯成與宋憲等人反叛，呂布在白門樓被曹操擒獲。而此時劉備和呂布，一個是曹操的座上賓，一個是階下囚，呂布向劉備求助，劉備卻向曹操建言殺掉呂布，曹操於是下令縊殺呂布。劉備是人中龍鳳，考慮得很長遠，他覺得呂布驍勇過人，一旦為曹操所用日後必定成為自己的大患。

第二件事，呂布與袁術的恩怨：西元 192 年，董卓被殺死以後，呂布和王允共執朝政。不久，董卓舊部李傕、郭汜等人不滿朝廷對涼州軍的待遇，集合起來圍攻長安。城破後，王允被殺。呂布僅率數百騎倉皇出逃，呂布打算投奔南陽袁術，結果被袁術拒之門外。這是呂布與袁術第一次交往的體驗。無家可歸的呂布之後投靠過袁紹、張揚、劉備，後來在小沛安腳。而此時的袁術呢，被袁紹和曹操一路趕到了揚州，西為兗州的曹操，東為徐州的呂布。西元 197 年，袁術為了對抗曹操想聯合呂布，於是為兒子求娶呂布的女兒。這是呂布和袁術的第二次交往。呂布先是同意了婚事，但是，陳珪遊說呂布說，因為袁術稱帝，與之聯合無益，只能背上不義之名。於是撕毀婚約追回女兒，袁術的使者韓胤也被械送許昌斬首。正好此時，楊奉、韓暹因與曹操爭奪挾持皇帝的權利失敗，被逐出中原前來投奔袁術，袁術便派張勳夥同韓暹、楊奉，率幾萬軍隊，分為七路進攻呂布。當時呂布只有三千兵力，四百匹馬，但是採納了陳珪的「離間計」，使得楊奉、韓暹臨陣倒戈，袁術全軍潰敗，呂布殺得好不痛快，最後還休書一封羞辱袁術，袁術氣得搧自己耳光。這是呂布和袁術第三次交往的結果。

在大朝廷和小朝廷之間呂布選擇了前者，可以說呂布阻礙了袁術北上的進程。之後呂布和袁術之間貌合神離。徐州有呂布，兗州有曹操，揚州有袁術，這三個州，徐州在中間，但是在呂布被曹操兵圍下邳的時候，呂布想求助袁術未果，袁術坐山觀虎鬥、不發一兵一卒。袁術還是怨恨結親的那件事情。

第三件事，危難中責打士卒：西元199年，曹操圍下邳三個月。這一天，呂布下達禁酒令。而侯成等人違規飲酒，結果被呂布訓斥並且杖責五十背花。侯成記恨於心。事後夥同宋憲等人，偷了呂布的赤兔馬、捆綁呂布、打白旗投降曹操。很多的大人物死在小人物手裡，都是不注意細節造成的。城池被困累月，軍心渙散。在這樣的情況下，責罰士兵太重，就會被疏遠甚至倒戈。一個大英雄就像一縷風兒吹過歷史的額頭，永遠散去。

透過以上這三段故事可以看出，呂布是一個很單純的人，武功很高但是沒有心機，缺少計謀，更沒有長遠的戰略眼光，疲於應付世事，周旋在一群狡詐的虎狼窩裡，僅僅有方天畫戟和赤兔馬是遠遠不夠的。

諸如這些，與武曲星情中「易衝動、魯莽、有勇無謀、目光短淺」是相似的。

世人常說「人中有呂布，馬中有赤兔」。還說呂布是「戰神」，可見人們對呂布的武功評價很高。

綜上所述，武曲星的代表人物是呂布。用呂布比喻武曲星，目的是讓大家想到「呂布」或者想到那些故事，就知道武曲星的基本星情，便於記憶。

第六節 張飛與破軍星

破軍星

代表人物—張飛

為什麼說破軍星的代表人物是「張飛」呢？

破軍星情之一：有魄力、反抗心重、慷慨、不懼邪暴、狂妄、膽大、不計後果、敢愛敢恨、嫉惡如仇、果決。

第一件事，「三結義」資助劉備：西元184年，黃巾起義爆發，幽州太守劉焉出榜招募義兵，這一天劉備和眾人在市集上圍觀榜文，不覺感慨的長嘆一聲，隨後，身後有人厲聲說，「大丈夫不與國家出力，何故長嘆」，劉備轉身看時，見那人「身長八尺，豹頭環眼，燕頷虎鬚」，而這個人就是張飛。當時的張飛是市集上開肉脯的屠夫。後來上演的故事是家喻戶曉的「桃園三結義」。劉備準備組織一支隊伍，張飛說「吾頗有資財，當招募鄉勇，與公同舉大事，如何」，也就是說劉備最初的資金是張飛出的，然後三人組織隊伍開始參與討伐黃巾軍的戰鬥。

第二件事，怒鞭督郵：劉備因為討伐黃巾軍有功，被朝廷封了一個小官職——定州中山府安喜縣尉，劉備上任不久，督郵想向他索取賄賂未果，然後督郵想設計加害劉備。一天，張飛喝酒回來，看見幾個老人跪在縣衙口哀求，張飛上去詢問，人們說是督郵讓大家做偽證，誣告劉備，大家不想這麼做，結果督郵發怒打他們。張飛聽罷，怒火中燒，把督郵抓出來綁在大樹上，鞭打督郵，還說要殺掉督郵，被劉備攔住，劉備把自己的官印掛在督郵脖子上，棄冠而去，關羽、張飛跟從劉備去代州投靠劉恢去了。

第三件事，古城相會：西元 200 年，關羽「過五關斬六將」，千里尋兄，在豫州汝南縣遇到張飛以後，張飛懷疑關羽已經投靠曹操，挺槍便刺，兩個嫂嫂為之解釋，張飛不聽。這時候，曹操的手下蔡陽領兵追來。關羽刀劈蔡陽。這才疑團盡釋，迎接二嫂入城。

透過這幾段故事可以看出，張飛是一個愛恨分明的人，是一個無所畏懼的人，而且很慷慨。

諸如這些，與破軍星情中「有魄力、反抗心重、慷慨、不懼邪暴、狂妄、膽大、不計後果、敢愛敢恨、嫉惡如仇、果決」是相似的。

破軍星情之二：勇猛、冒險、迅捷、先進、創新、粗中有細。

第一件事，街市鬥關羽：張飛最初是殺豬的，開著一個豬肉鋪。這一天，他的小夥計和一個買肉的顧客爭執起來，關羽站出來主持正義，把豬肉給大家分了。張飛叫道「叫人白拿走我一刀肉，欺人太甚！」關羽最初是賣綠豆的，張飛抓一把綠豆，用力一攥，綠豆成了豆粉。張飛說「把豆粉當綠豆賣，騙子！」接著兩人就在街上打了起來。兩個人都是大塊頭，武藝高，力氣大，你一拳我一腳，從街道這頭打到那頭，又從地上打到房頂，不分勝負。英雄愛英雄，兩個人一邊打還一邊喜歡上了。後來一個賣草鞋的劉備給他倆解圍。不打不相識，後來在桃園結拜為異姓兄弟。

第二件事，大戰呂布：西元 190 年，十八路諸侯討伐董卓，在虎牢關，張飛大戰呂布，酣戰五十餘合，不分勝負。這是張飛與呂布的第一次交戰。西元 196 年，劉備暫居小沛，招兵買馬，張飛化妝成山賊劫去呂布一百五十匹馬，呂布查實以後大怒，隨即點兵往小沛來鬥張飛，酣戰一百餘回合，未見勝負。能在呂布方天畫戟之下走一百個回合的人太少了，而張飛算一個。

第三件事，夜戰馬超：西元 212 年，劉備進駐葭萌關。西元 214 年春，馬超投靠張魯。西元 214 年，劉備進兵成都，劉璋向張魯求助，張魯派馬超攻葭萌關來牽制劉備。張飛出戰馬超，兩人激戰百餘回合，不分勝負。劉備鳴金收兵。張飛稍事休息後再戰馬超，廝殺百餘回合，仍不分勝負，天色已晚，劉備再次鳴金收兵。馬超大叫道「汝敢否夜戰」？張飛說「今日我誓捉汝」。兩軍點起火把繼續戰鬥。劉備喜歡馬超之英勇，親自下城勸解，後來收服了馬超。諸葛亮曾經讚馬超「雄烈過人」，有呂布之勇。

第四件事，長阪坡退曹兵：西元208年，曹操南下追殺劉備，於當陽長阪，張飛斷後，張飛只帶二十幾個士兵，立於當陽橋上，面對百萬曹軍，張飛橫握長矛，大喝一聲「吾乃燕人張翼德，誰敢與我決一死戰」，聲如巨雷，曹軍聞之，無一人敢前進，曹將夏侯傑被驚死栽倒馬下。曹軍大亂，只能退去。

第五件事，槍挑紀靈：紀靈是袁術麾下有一員猛將，西元196年袁術率大軍進攻徐州的劉備，這次紀靈與關羽有過戰鬥，與關羽大戰三十回合不分勝負。隨後呂布演繹了一場「轅門射戟」使兩家罷兵。西元197年袁術因為稱帝而成了眾矢之的，西元199年，終於日暮窮途，從壽春北上青州去投奔袁紹，在他經過徐州時，被曹操派來的劉備、朱靈截住去路，張飛首先衝出，直取紀靈，戰鬥不到十個回個，張飛大喝一聲，刺紀靈於馬下，乾脆利索。袁術只能退回壽春不久病死。

第六件事，義釋嚴顏：西元211年，劉備入川不利，龐統於「落鳳坡」遇難，於是諸葛亮派趙雲、張飛分別從水旱兩路去救援。嚴顏是劉璋手下的巴郡太守，善使大刀和弓箭，有萬夫不當之勇，成了張飛的攔路虎。張飛和士兵一連數日罵陣，嚴顏皆不出戰，想拖到張飛無糧自退。張飛讓士兵去山上尋覓路徑，然後佯裝從小路通過，引誘嚴顏出城攔截，並用替身進一步引導嚴顏上當，結果生擒嚴顏。然而張飛並未殺死嚴顏，「親解其縛，請於上座」，嚴顏感動而投降了。然後利用嚴顏的身分，在之後的途經關口順利通行，趕在趙雲之前與劉備會合。張飛這一戰讓劉備和諸葛亮大為讚賞。

第七件事，智取瓦口關：西元215年，曹操拿下漢中，收服張魯。他把夏侯淵、郭淮、徐晃和張郃等將領留在漢中，同時，命令張郃把巴西郡居民遷徙到漢中，這給劉備很大震撼，因為漢中是蜀地咽喉。於是劉備親自駐紮江州，並且令張飛駐紮閬中，攻打張郃。張飛一連數日在山前擺酒，邊喝邊罵陣，給張郃製造狂飲作樂假象。張郃果然夜裡偷營，他見「張飛」端坐大帳，一槍刺去，倒下的是一個草人，張郃撥馬出帳，迎面碰到張飛，倉皇而逃，退守瓦口關，堅守不出。後來，張飛對此處的山川、河流等地理環境，進行認真勘察，終於找到制敵的妙計。第一步，張郃的大本營建在蒙頭、蕩石的山上，到外面只有北面一個通路。張飛佔據有利地形，將對方向外的通道堵死，切斷張郃的糧食供應。僵持了五十餘日。第二步，讓魏延像往常一樣正面攻打瓦口關，麻痺張頜。第三步，在勘察地形時，張飛探得一條小路可以繞到瓦口關背後。自帶精兵，翻山越嶺，來到瓦口關背後，突然發起猛攻。如同潮水一般湧來神兵把張郃搞蒙了，張郃連滾帶爬穿越包圍圈，狼狽逃回漢中。張郃手中原有五千將士，這一次，張郃僅帶著十多人返回南鄭，可以說全軍覆沒了，瓦口關大敗張郃是張飛最出彩的一戰。首先是對手強大，同時可以看出張飛已經成熟，成為一個智勇雙全的將軍了。

透過這幾段故事可以看出，張飛是一個異常勇猛、勇於冒險的人，也是一個粗中有細的人。

諸如這些，與破軍星情中「勇猛、冒險、迅捷、先進、創新、粗中有細」是相似的。

破軍星情之三：善變、情緒化、沒口德、暴躁、莽撞、粗魯、好酒。

第一件事，**酒醉丟徐州**：西元194年，劉備從陶謙手裡接過徐州，總算有了一個容身之地。西元196年，留張飛守下邳，自引大部分部隊去淮陰與袁術戰鬥。劉備臨行前對張飛再三叮囑，守城期間不允許飲酒、不允許鞭打將士，張飛滿口應允，劉備才放心。誰知道張飛想：從明天開始戒酒安心守城，那麼，今天還可以再喝一次的，於是將徐州文武百官都召集在一起，要一醉方休。眾人都畏懼張飛，勉強陪他喝。但是卻遭到了曹豹拒酒，張飛憤怒，然後聽說曹豹是呂布的岳丈，因為張飛於呂布不和，就更加地羞辱曹豹，還不顧眾人的勸阻，打曹豹五十鞭。曹豹是陶謙的舊部，「曹」姓在徐州算是世家大族，也是有相當實力的。懷恨在心的曹豹，於是暗自勾結呂布，打開徐州的大門，呂布率高順、張遼等將士進城。張飛力敵不勝而丟掉了徐州，不僅丟失了徐州，還把劉備的家眷丟在城中，被呂布俘虜。呂布反客為主佔領徐州。後來張飛去找劉備，無地自容，想拔劍自刎，被劉備攔住。

第二件事，**酒醉丟命**：西元220年，關羽和關平在臨沮被害。當時張飛在閬中鎮守，聞知，張飛整天哭泣和飲酒，然後拿士兵出氣，鞭打他們。西元221年，劉備要為關羽報仇，出兵伐吳，同時讓張飛從閬中出兵江州。有一天，張飛命令手下的范疆、張達置辦白旗、白甲，要三軍掛孝伐吳，並且只限三日內辦齊。次日，張飛去問進度，范疆、張達說「須再寬限些日子才可以」，張飛大怒說「恨不得明日便出兵報仇，你們怎敢違抗我的命令」。然後，把兩人綁在樹上，鞭打五十。打完還說「明天一定要全備！逾期，就殺你們」。兩人被打得皮開肉綻，回到營中商議，「與其等到明天被殺，不如先下手為強」。張飛這天夜裡又喝得大醉。范、張二人各揣利刀潛入帳中，趁張飛沉睡，將其殺害，取其首級，順流而投奔東吳！張飛確實很勇猛，但最後卻被兩個窩囊廢殺害，一個不會管理自己情緒的人能力再大也難以善終。

透過這兩段故事中可以看出，張飛是一個脾氣粗暴、霸道的人，而且好酒。諸如這些，與破軍星情中「善變、情緒化、沒口德、暴躁、莽撞、粗魯、好酒」是相似的。

西晉時史學家陳壽：「張飛雄壯威猛。」明朝文學家馮夢龍：「釋嚴顏，誨馬超，都是細心作用……」

綜上所述，破軍星的代表人物是張飛。用張飛比喻破軍星，目的是讓大家想到「張飛」或者想到那些故事，就知道破軍星的基本星情，便於記憶。

第七節 孫權與天府星

天府星

代表人物—孫權

為什麼說天府星的代表人物是「孫權」呢？

天府星情之一：謙虛、老成、寬厚、溫和、不拘小節、隨遇而安、謹慎、刻苦、勵精圖治、功底深厚、儲存、蓄積、學識淵博、收藏、深謀遠慮、深思熟慮、從容鎮定、城府、老練沉穩、以柔克剛。

第一件事，任賢用能：孫策在臨死之前，對孫權有過一番囑咐，並且說「任賢用能吾不如卿」，可見這個哥哥對弟弟還是很瞭解的。孫權與魯肅，食後同寢，寢則同榻；孫權與周瑜，經常送給周瑜衣服，就像兄弟一般；孫權與呂蒙，呂蒙病了，孫權為他請最好的醫生，還幾次親往探病。可以說是親賢納諫，寬厚仁和。繼位以後，在吳國太、張昭、周瑜、程普等幫助下，經過幾年努力，制伏叛亂，平定江南局勢。

第二件事，赤壁之戰：對於赤壁之戰，孫權是主戰的，因為他不想把父兄用性命換來的地盤拱手讓人，他不會想投降的，沒有被氣勢洶洶的曹操嚇到。但是在開會的時候，文官大部分主降，武官大部分主戰，他沒有直接表態，不露聲色，後來周瑜和諸葛亮、魯肅等解開了他的疑慮，他堅定了信心，而且拔刀砍掉桌子一角說「諸將吏敢復有言當迎操者，與此案同」。最後，赤壁之戰，「孫劉聯盟」大勝。

第三件事，積蓄國力：孫權很重視農業生產，繼位不久，就實行屯田，分軍屯和民屯，屯田地區很廣，參與人數數萬。還開鑿了幾條運河，既做航道，又能灌溉。還多次減賦。並下令諸將要居安思危。一系列勵精圖治的措施，積蓄了國力。西元230年，孫權遣衛溫、諸葛直出使夷洲（臺灣），進一步鞏固了統治。西元242年，又派聶友、陸凱出航珠崖、儋耳（海南島等地）。還派人與扶南（今柬埔寨）、林邑（今越南）等國建立友好關係，可見他的深謀遠慮。

第四件事，孫權勸學：呂蒙十五、六歲就跟隨姐夫鄧當外出作戰，應該說沒有多少文化。後來跟隨孫權屢立戰功。但是有一次，孫權對呂蒙說「你要抽時間多讀書」。呂蒙說「主要是太忙了」。孫權說「學習不一定是為了做教授，但是要博覽全書，歷史是要多學習的。我也很忙，還堅持學習，我覺得這對我有幫助」。呂蒙深受感染，開始堅持讀書學習，後來才能大進，性格也變得練達很多，「有國士之風」，被東吳拜將封侯。

第五件事，孫權射虎：孫權繼位後，經常在百忙之中抽空去狩獵，並且專門射殺猛虎，有好幾次老虎撲咬到馬鞍，孫權沉著應對，樂在其中。但是隨行的大臣被嚇得臉色都變了。面對瞬息萬變的戰事，難怪他那麼沉穩老練，竟然受過特殊訓練。

第六件事，重用呂範：孫權年少時也比較貪玩，開銷很大，於是常偷偷地找呂范要錢。呂范當時受到孫策的重用，是大管家，管理江東的帳務。但是，呂範是個較真的人，不徇私情，每次都要稟報孫策，這讓少小的孫權很不舒服，暗地怨恨呂範不給面子。當孫權繼位江東之後，卻重用了呂範。西元 228 年，呂範病逝，孫權素服舉哀，並追授他為大司馬。

第七件事，先做藩屬國，再取荊州：雖然魏、蜀、吳三足鼎立，但是誰都想吃掉對方一統天下，夾在曹魏和蜀漢之間，孫權總是小心翼翼，老謀深算。217年春，孫權備戰收回荊州，命徐詳拜訪曹操，請求歸降，曹操同意修好。219年十一月，孫權西征關羽，220年二月殺害關羽，取回荊州。由此可見，孫權是在積極備戰之後才開始兵發荊州的，也就是說，這期間在蓄積力量和等待時機，這需要很大的耐性。

第八件事，先稱臣，再抵禦劉備：220年十月，曹丕稱帝，國號大魏，史稱曹魏，定都洛陽。曹丕稱帝后，孫權請求成為魏的藩屬。後來曹丕冊封孫權為吳王。221年七月，劉備興兵伐吳。由此可見，孫權殺死關羽、取回荊州之後，知道劉備不會善罷甘休，所以才趁機向曹丕稱臣，暫時穩定住曹魏，目的是備戰蜀漢。每一次都是事先安排好，可謂步步為營，表現得很穩健。

第九件事，孫權稱帝：220年十月，曹丕稱帝，國號大魏，史稱曹魏，定都洛陽。

221年四月，劉備稱帝，國號漢，史稱蜀漢，定都成都。229年，孫權於武昌登基稱帝，國號為吳，孫吳王朝正式建立。孫權是最後稱帝的，而且拖了八、九年之久，那麼是孫權不想做皇帝嗎？他的大臣也幾次三番的請求他稱帝，都被他回絕了，這是為什麼呢？因為孫權知道，以當時東吳的實力，還遠遠不夠，前車之鑑的袁術就是想當皇帝想瘋了，早早的稱帝，結果還不是被滅了，他需要積蓄力量，等待時機。正因為如此，陳壽說他有勾踐之奇。

透過這幾段故事可以看出，孫權是一個能屈能伸、忍辱負重、寬宏大度的人。凡事深謀遠慮，而且博覽群書。給人的表現是老練沉穩。

諸如這些，與天府星情中「謙虛、老成、寬厚、溫和、不拘小節、隨遇而安、謹慎、刻苦、勵精圖治、功底深厚、儲存、蓄積、學識淵博、收藏、深謀遠慮、深思熟慮、從容鎮定、城府、老練沉穩、以柔克剛」是相似的。

天府星情之二：自負、霸道、獨斷、頑固、故步自封、老謀深算、貪歡享受、

保守、暗鬥、欠缺魄力、缺少衝勁、爭權奪利。

第一件事，早年血洗皖城：西元 200 年，孫權繼承江東。廬江太守李術不服，欲歸順曹操。孫權御駕親征，攻克皖城，砍下李術的人頭示眾。並為了揚刀立威，不接受降兵，將他們全部殲滅，血洗皖城。並且搬空皖城才撤出。

第二件事，防禦、偷襲、聯合：孫權一生主動出擊打的仗不多，但是大部分是趁機偷襲類型的，而且成功案例較少。被動防禦類型的戰役較多，而且大部分都勝利了。一旦打不贏就談和，一旦和第二個人打仗就先和第三個人聯合，總之，很保守，但不吃虧，給人一種沒有骨氣、沒有魄力的印象。221 年，因為之前殺了關羽，孫派遣使者前來請和，劉備大怒不許。七月派關興、張苞為前部先鋒，殺向東吳。222 年，曹丕趁機舉兵伐吳，三路出師。東吳打得很艱難但是結局尚好。222 年十二月，孫權派鄭泉前往白帝城拜謁劉備，蜀、吳兩國重新通好。223 年曹魏退兵，並與東吳正式斷絕關係。223 年四月，劉備病逝。

第三件事，公孫淵事件：孫權稱帝後，遼東太守公孫淵遣使通吳，示意歸順。孫權封他為燕王，並派張彌、許晏攜帶大量金銀珠寶前去遼東，當時張昭等大臣極力反對，認為公孫淵的奸計不可信。孫權不聽，為這事還與張昭翻臉了。孫權覺得把公孫策收復是有面子的事情。結果呢，公孫淵害怕魏國討伐，於是斬首吳使，並把人頭送至洛陽。

第四件事，晚年好色風流：自古江南出美女，孫權不缺少女人，據說孫權一生娶了十個老婆，算是豔福不淺的。孫權的第一位夫人謝氏，是包辦婚姻，剛開始的時候，兩人感情還不錯。後來有了徐氏，徐氏容貌一般，但與孫權有親戚關係。後來孫權又娶了步氏。這個步氏，有傾國傾城之貌，孫權被迷得神魂顛倒。徐氏是孫登的養母，孫登當了太子，當時大臣們都建議立徐氏為后，可是孫權斷然拒絕了。後來又娶了王氏，這個王氏，生下了孫和。再後來，孫權又納了潘氏。據說潘氏原是宮中婢女，姿色出眾，而被孫權收攬。潘氏生孫亮。

第五件事，對於太子位處理不當造成嚴重過後果：孫權本來憑藉赤壁之戰、夷陵之戰，使聲望如日中天。但是晚年的孫權驕奢淫逸，不管朝政，搞得民怨四起。既立孫和為太子，又封孫霸為魯王，兩個人地位相當。於是各拉一派，暗鬥開始，太子黨和魯王黨爭權奪利，朝堂烏煙瘴氣。孫權雖然知道了孫霸與孫和的暗鬥，但是孫權非常自信，他覺得有自己在，東吳不會有事，所以只是派人對他的兩個兒子警告了一下。這場長達八年的爭鬥，讓吳國的朝堂亂成了一鍋粥，激化了朝廷黨派矛盾，造成朝野動亂。最後，西元 250 年，賜死孫霸。孫和被軟禁，後流放到故鄣。群臣中因勸諫而被誅殺或流放的多達幾十人。陸遜被逼死，顧潭、顧承兄弟、張休被流放，朱據被賜死，陸胤被下獄，吾粲被誅殺，張純被棄市，屈晃被斥歸田里。同時，誅殺楊竺、全寄、孫奇、吳安等魯王黨。誅殺大臣，偏聽讒言，八年的二宮之爭使得原本團結的朝廷四分五裂，不復從前。東吳王朝出現了「舊將已盡，新將未信」的窘境。一代明君晚節不保。雖然說東吳亡國在孫皓之手，但是東吳的快速滅亡與孫權晚年的昏聵有關。同樣的事情曾經發生在曹操的家庭裡面，曹操的處理方式是，鼎立曹丕，同時剷除曹植的餘黨，這樣一來曹丕的王位就安全了。

透過這幾段故事可以看出，孫權也有另一面，他霸道、故步自封、貪圖美色享受等。

諸如這些，與天府星情中「自負、霸道、獨斷、頑固、故步自封、老謀深算、貪歡享受、保守、暗鬥、欠缺魄力、缺少衝勁、爭權奪利」是相似的。

曹操曾經說「生子當如孫仲謀」。諸葛亮也曾經說「孫權據有江東，國險而民附，賢能為之用」。

綜上所述，天府星的代表人物是孫權。用孫權比喻天府星，目的是讓大家想到「孫權」或者想到那些故事，就知道天府星的基本星情，便於記憶。

第八節 司馬懿與天梁星

天梁星

代表人物─司馬懿

為什麼說天梁星的代表人物是「司馬懿」呢？

天梁星情之一：成熟、穩重、善於分析策劃、有機謀、思想超然、思慮周詳、能夠臨危授命、臨事果決、懂得進退。

第一件事：平定孟達：司馬懿出身官宦之家，受過良好的教育。他尤其對軍事謀略深有研究，也很有志向。西元226年，司馬懿升任驃騎將軍，總領雍州、涼州兵馬。西元227年，諸葛亮在進行北伐之前，散佈消息說司馬懿要「另立新君」，於是曹睿輕信華歆的建言，貶其職，回家賦閒。但是諸葛亮第一次北伐，大都督夏侯楙被活捉，繼任的都督曹真，也被打得落花流水。西元228年，曹睿不得不再次啟用司馬懿，司馬懿正準備回朝復職的時候，突然接到申儀的密報說，孟達與諸葛亮私通，企圖反叛。司馬懿立刻意識到孟達攻擊洛陽，諸葛亮直驅長安，曹魏危矣。但是往返路途遙遠，待朝廷下達詔書後再出兵的話，孟達及新城就會成為蜀國囊中之物。司馬懿經過分析以後，當機立斷，率軍日夜兼程，在沒有上奏朝廷的情況下，直接出兵剿滅孟達，他的千里奔襲、先斬後奏，為勝利贏得了寶貴的時間，這場戰役，應該意義重大。

第二件事，奇襲街亭：平定孟達以後，司馬懿受到曹睿的嘉獎，並且以大都督之職出兵拒敵。司馬懿深知諸葛亮的用兵思路，他安排三路兵馬對抗，其中自領一路去街亭斷蜀軍的糧道。司馬懿在街亭遇到馬謖部隊，馬謖把營寨安在山上，司馬懿做了兩步部署，先讓大將張郃擋住援兵，同時他自己帶兵圍山，斷馬謖水道，然後放火燒山，幾日後，蜀軍潰敗。這一戰，直接粉碎了諸葛亮的第一次北伐計畫，不久諸葛亮只好退回漢中。

第三件事，萁谷戰敗魏延：西元 230 年秋，魏軍分三路進攻漢中，由於連續一個月的大雨，魏軍只能撤兵。諸葛亮沒有追趕。司馬懿走萁谷，曹真走斜谷。司馬懿料定蜀軍去奪取祁山，必從萁谷和斜谷而出，所以司馬懿事先埋下伏兵，打敗了魏延和陳氏來萁谷部隊，然後去救助斜谷的曹真。

第四件事，反間計諸葛亮退兵：西元 231 年春天，諸葛亮發起第四次北伐。與諸葛亮交兵，司馬懿半年來一直處於劣勢。司馬懿想：蜀軍遠道而來，運糧不便，以求速勝，故而採取了據守不出的對策。六月份，兩軍正在相持的時候，苟安來投降。這個苟安是蜀軍的押糧官，因為好酒，押送糧草延誤十天，被諸葛亮杖責八十，懷恨在心而來投降。司馬懿設計：讓苟安速回成都散佈謠言，說諸葛亮有不臣之心。劉禪輕信謠言，下旨令諸葛亮退兵，就這樣司馬懿粉碎了諸葛亮的第四次北伐。

第五件事，司馬懿困死諸葛亮：司馬懿認為，蜀國國立弱，至少需要三年的時間才能再次用兵，果然不出所料，一直到西元 234 年二月，諸葛亮才發起第五次北伐。蜀軍出斜谷，諸葛亮安排五路人馬，同時，此次出兵還邀請東吳配合出兵，不過後來東吳半途撤軍。司馬懿出兵渭濱迎擊。司馬懿識破諸葛亮的計謀並且逐一擊敗他們。之後司馬懿堅守不出，等待蜀軍糧盡自退。兩軍對峙幾個月後，蜀軍氣勢漸消，這年八月，諸葛亮積勞成疾，病死五丈原軍營中。蜀軍全線撤軍。司馬懿一招制敵，困死了諸葛亮。

第六件事，平定遼東公孫淵：西元237年七月，公孫淵自立為燕王，並在魏國邊境進行騷擾。西元238年，魏明帝曹睿派司馬懿討伐公孫淵，司馬懿率騎四萬，從洛陽出發，六月，司馬懿至遼水，公孫淵依遼水圍塹20餘里，堅壁高壘，阻擊魏軍。司馬懿聲東擊西，先在南線佯攻，引敵主力，而以主力暗渡遼水，逼進襄平。包圍公孫淵。司馬懿堆土丘，造望樓，準備了大量的石頭，用弩弓射向城中。公孫淵帶兵向東南突圍，司馬懿縱兵窮追，成功斬殺公孫淵父子。司馬懿在原定一年的期限內，勝利班師。平定遼東，司馬懿的聲望達至頂峰，曹芳下詔稱他「功蓋海內」。

透過這幾段故事可以看出，司馬懿是一個謹慎、有心計、穩重、沉著、富有謀略的人。

諸如這些，與天梁星情中「成熟、穩重、善於分析策劃、有機謀、思想超然、思慮周詳、能夠臨危授命、臨事果決、懂得進退」是相似的。

天梁星情之二：慈悲、心寬、隱忍、承受力強、圓滑、世故、體恤下屬、老謀深算、謙和、俠義、客觀公正。

第一件事：**躲避曹真的妒忌**：西元 229 春，諸葛亮二出祁山的時候，曹真為領兵大都督，司馬懿給皇帝出計策讓曹真只守不戰，但是又說，不要告訴曹真說是我司馬懿出的計策。避免嫌疑。後來，曹真病了回洛陽養病，曹睿令司馬懿出征，並封為大都督，司馬懿說才薄智淺不敢做。其實是怕曹真妒忌。

第二件事，**跟隨曹操的時候**：在曹操面前司馬懿是一個恭順的的僚屬。但是曹操心裡卻不這麼想，曹操覺得司馬懿鷹視狼顧，很有才華、不會久居臣位，所以處處提防司馬懿，這一點司馬懿心知肚明，所以，每天勤於工作，把事情打理得井井有條，讓曹操安心，以此換來自身的安全。司馬懿交好曹丕，也正是因為和曹丕關係好，才避免了很多不利的事情。

第三件事，靜待命運的轉折：西元 227 年，曹叡輕信華歆等的諫言，剝奪司馬懿的兵權，司馬懿賦閒在家，每天練武、看書，還教育兩個兒子要勤奮和堅韌。司馬懿常常到大路口遙望遠方，等待皇帝再次啟用他。

第四件事，戰場之上的冷靜：在與諸葛亮的對弈中，司馬懿很理智，他常常說，「諸葛亮非等閒之輩」，「我不及也」。有時候諸葛亮派兵來罵陣，「司馬老賊，快出來交戰」，而司馬懿靜靜地在營中看書。還有一次司馬懿被追殺丟盔棄甲，諸葛亮命令魏延拿著司馬懿的頭盔去叫陣，還讓士兵把司馬懿的頭盔當球踢，想以此激怒司馬懿出戰，司馬懿壓制手下的將士不要理睬。還有一次，諸葛亮給司馬懿送去女人的衣服，侮辱他膽小如女人，司馬懿穿上女裝，哈哈大笑，不以為然。

透過這幾段故事可以看出，司馬懿是大度的人。他理智、能忍，是一個老謀深

算的人。

諸如這些，與天梁星情中「慈悲、心寬、隱忍、承受力強、圓滑、世故、體恤下屬、老謀深算、謙和、俠義、客觀公正」是相似的。

天梁星情之三：愛操心、善辯、吃虧上當、孤傲、自負、喜奉承、倚老賣老、爭權、固執、主觀。

第一件事，被空城計嚇退：西元228年，再次復出的司馬懿打了個漂亮的翻身仗，佔領街亭，然後乘勝突擊諸葛亮的屯糧之地的西縣，到達西縣，卻見到讓人驚駭的一幕：諸葛亮閒坐城頭彈琴。司馬懿這個時候怕中埋伏，細細品味諸葛亮的琴聲，時而如驚濤拍岸，風捲殘雲；時而似山澗小溪，淙淙低語，由琴聲可以知諸葛亮心境不慌亂也不急躁。司馬懿由此推定必有埋伏。突然，諸葛亮的琴聲戛然而止。司馬懿料定有事情要發生了，下令「快撤」。但是沒有追兵，司馬懿再次返回西縣查看究竟，蜀軍早已不見蹤影。司馬懿才知道上當了，後悔沒聽兒子的話「殺進城去」。在這裡，與其說司馬懿上了諸葛亮的當，不如說是他自己大腦中「有關琴聲」的知識騙了他。經驗是一把雙刃劍。

第二件事，隴西被諸葛亮裝神嚇退：西元 231 年，諸葛亮五出祁山，因軍中缺糧引兵至隴上割麥。司馬懿已經看破諸葛亮的心思，於是率軍守田，準備搶收麥子。諸葛亮命令姜維、馬岱、魏延分三路出兵，在怪樹灘裝神弄鬼。司馬懿只能調集人馬前往迎敵，魏兵追來，但見冷霧瀰漫，怪聲鬼叫，不知道是人是鬼，走走停停，進進退退，與魏兵糾纏良久。一會兒又看見諸葛亮於前面端坐，鼓聲大震，魏兵駭然退兵，閉門不出。後來司馬懿才知道中計了，魏兵在怪樹灘糾結的時候，諸葛亮已經把隴西小麥收割完畢。

第三件事，五丈原被諸葛亮木雕嚇退：西元 234 年，諸葛亮在五丈原病死軍中，於是蜀軍徐徐撤退，姜維遵照遺令率軍斷後。司馬懿得知蜀軍撤出五丈原，率軍追擊，但見蜀軍旌旗飄揚，諸葛亮拿著扇子端坐車裡。司馬懿覺得是諸葛亮要用計伏擊，立刻撤退，一路狂奔回營。後來得到稟報：諸葛亮確實已經死了，而蜀軍也已經撤回，前日車上的諸葛亮乃是木雕。司馬懿說「臨死還用心良苦」，「奇才，奇才啊」，然後將士問是否再次追擊，司馬懿說「諸葛亮已死，我等無憂矣」。可見，除了諸葛亮，對於其他人，司馬懿是不會放在眼裡的。

第四件事，高平陵之變：時至元年 249，多年過去，曹魏政權很穩固，已經被百姓接受。而司馬懿被曹爽架空，被剝奪了實權，西元 247 年，司馬懿裝病辭職。元年 249 正月，曹爽兄弟攜小皇帝曹芳去拜謁高平陵。此時，在司馬懿指揮下，關閉洛陽城門，奪取權力，這與造反沒區別。這種事，只有在皇帝下詔的前提下才可以實施，否則就是對皇權的挑戰。司馬懿有豐富的政治經驗。司馬懿率軍佔領武庫。這樣就能掌控武器，瓦解曹爽黨羽的抵抗。然後命令司馬師和司馬孚率軍攻取司馬門，進宮控制了太后，讓郭太后下詔廢黜曹爽，為這場政變披上合法的外衣。然後命令高柔控制曹爽的軍隊，王觀控制曹羲的軍隊。最後和蔣濟一起，屯兵在洛水浮橋邊以備戰。一切安排就緒，司馬懿才給城外的小皇帝曹芳寫了奏疏，歷數曹爽的罪證。高平陵之變，最後以曹爽及其黨羽被誅殺結束。但是，不難看出，司馬懿搞的不是單純針對曹爽的兵諫，而是一場軍事政變，是一場針對魏國皇室的全面奪權！後來，司馬師、司馬昭篡奪曹魏的大權，曹皇之力漸消，司馬氏全盤掌控曹魏朝政，而這些正是司馬懿「有篡魏之實」的明證。

透過這幾段故事可以看出，司馬懿是一個主觀臆斷的人，但是卻常常上當受騙。晚年的司馬懿爭權暗鬥，倚老賣老，甚至發展到篡權的地步。

諸如這些，與天梁星情中「愛操心、善辯、吃虧上當、孤傲、自負、喜奉承、倚老賣老、爭權、固執、主觀」是相似的。

南陽太守楊俊曾說「司馬懿絕非尋常之子」。尚書崔琰曾說「司馬懿，做事果斷，英姿不凡」。

綜上所述，天梁星的代表人物是司馬懿。用司馬懿比喻天梁星，目的是讓大家想到「司馬懿」或者想到那些故事，就知道天梁星的基本星情，便於記憶。

第九節　諸葛亮與天機星

天機星

代表人物—諸葛亮

為什麼說天機星的代表人物是「諸葛亮」呢？

天機星情之一：有理想、志氣高昂。

第一件事，隆中對：劉備三顧茅廬，西元208年春，第三次去才被諸葛亮接待。劉備說，有重整河山的理想，但是唯恐智慧不夠，希望多多賜教。諸葛亮幫助劉備分析和梳理了當前的世界局勢，曹操、孫權、劉表、劉璋等各自的優勢和劣勢。諸葛亮提出先取荊州，再取益州，鼎足而立，然後再圖中原的國家戰略。這是一次歷史性的談話，諸葛亮精闢的論述了國際局勢，為劉備設計了未來的藍圖。並且鼓勵劉備說，您聲望很高，又是皇室血統，只要佔據荊州、益州，對內廣納賢才、革新政治，對外聯合孫權，待時機成熟再殺向中原，霸業可成，漢室復興。劉備深受鼓舞，感覺撥雲見日。

第二件事，出師表：西元 227 年，諸葛亮決定北伐，臨行前，上書後主劉禪，勸勉他要察納雅言、親賢遠佞，以興復漢室，並且幫助劉禪安排好了宮中軍中的事務。同時，也表示了會以忠誠貢獻給國家的決心。《出師表》中諸葛亮滿懷深情的說，我本是南陽的平民，先帝屈尊三顧，臨終又託孤給我，我很怕辜負先帝，終日小心謹慎，希望盡我所學，平定中原、恢復漢朝的基業，來報答先帝，今天要出征遠行了，禁不住熱淚奪眶。

透過這兩段故事可以看出，諸葛亮是有理想、有情懷的人。為了實現理想兢兢業業。

諸如這些，與天機星情中「有理想、志氣高昂」是相似的。

天機星情之二：機智、智慧、敏銳、足智多謀、反應敏捷、學有專長、精明能幹。

第一件事，草船借箭：西元 208 年，赤壁大戰之前，周瑜讓諸葛亮負責打造十萬支箭，但是工期和配料很苛刻。於是諸葛亮用幾十艘船裝滿草人，佯裝夜襲曹操水寨，由於這天夜裡大霧瀰漫，曹操不敢貿然出戰，就命令用弓箭射擊。曹兵一直射箭，直到給諸葛亮的船裝滿，天亮之前，諸葛亮掉頭返回，魯肅瞠目結舌稱諸葛亮為「神人」。周瑜自嘆不如。

第二件事，空城計：西元 228 年，在諸葛亮第一次北伐中，因馬謖失街亭，司馬懿趁勢引大軍十五萬向諸葛亮囤糧之地的西城湧來。當時，大將都被派出去了，身邊只有一些文官和兩千多士兵。諸葛亮傳令，旌旗捲掩，城門洞開，每個城門口派幾名士兵扮成百姓，掃街灑水。諸葛亮自己鶴氅綸巾，帶一張琴，在城頭憑欄坐下，燃起香，彈起琴。兩個小書童拿著寶劍和拂塵，侍立左右。司馬懿見狀，心想諸葛亮一生用兵謹慎，現在城門大開，裡面必有伏兵。並且耳聽琴聲如行雲流水、從容鎮定，司馬懿不敢進城，率眾退去。就這樣，諸葛亮把西城的軍糧運回漢中，並且大軍悄悄撤退。後來知道實情以後，司馬懿自言自語連說：妙、妙啊，自愧不如。

第三件事，運籌帷幄平五路：劉備新亡，劉禪年幼，曹丕想趁火打劫，派五路大軍伐蜀。這五路大軍分別是：西番國王軻比能；南蠻孟獲；孟達；曹真；東吳孫權。蜀國獲悉，上下一片恐慌，而危亡之際。諸葛亮卻稱病不上朝，這可急壞了眾臣。劉禪親去丞相府探望，卻見諸葛亮在臨水觀魚。原來諸葛亮是在考慮退兵之策，怕洩露軍情故而閉門不見眾臣。

諸葛亮對陣下藥，分別用以下方法對治：

馬超對治軻比能，因為羌人把馬超奉為神威天將軍，故令馬超守西平關以拒之；

魏延對治孟獲，讓魏延領兵一萬為疑兵，左出右入，右出左入，蠻兵多疑，必不敢進。

李嚴對治孟達，李嚴與孟達有生死之交，用李嚴口吻寫信給孟達，孟達必然推病不出。

趙雲對治曹真，趙雲引軍守把關隘，高掛免戰牌，曹真不久自退。

又命關興、張苞各引兵三萬，做為各路救應。

鄧芝對治東吳孫權，鄧芝出使東吳，陳說利害，孫權必定不會輕易出兵。

所謂的五路兵馬，就這樣被諸葛亮消解於無形。後來曹丕被氣得大發雷霆、差點吐血。

第四件事，木牛流馬：糧草搬運不便，是一直困擾諸葛亮北伐的難題，西元231年，諸葛亮教人製造木牛流馬，搬運糧草。眾人皆驚曰「丞相真神人也」。後來，司馬懿知道了，派人去搶了幾個，並仿造了千餘個，經試用效果不錯，於是，魏軍也用它去搬運糧草，「往來不絕」。但是，司馬懿又一次中計了。因為這個木牛流馬有一個機關，在牛舌頭上一扭就不能走了。諸葛亮派王平劫了司馬懿的木牛流馬，扭轉牛舌頭，木牛流馬不能行走了，魏將郭淮只能空手而逃，諸葛亮不光白撿了木牛流馬還得了糧草，司馬懿帶人去奪木牛流馬結果中了埋伏，險些被擒。

透過這幾段故事可以看出，諸葛亮是足智多謀、智慧超群的人。

諸如這些，與天機星情中「機智、智慧、敏銳、足智多謀、反應敏捷、學有專長、精明能幹」是相似的。

天機星情之三：觀察力強、喜歡分析研究、思慮周詳、善於謀略、心機重、城府。

第一件事，借東風：諸葛亮是一個博學的人，不光是會軍事兵法，還精通天文曆算、地理風水、陰陽八卦等，這一點周瑜遠不及。「孫劉聯盟」為赤壁大戰做足了功課，但是唯獨沒有東風，火攻計畫暫時被擱淺，周瑜為此事著急上火甚至口吐鮮血。諸葛亮利用自己的陰陽八卦和天文曆算知識，推理出甲子日必有東風。但是，諸葛亮並沒明說這些。卻在探望周瑜時，神祕地說，我可以向天借風，但是要在南屏山麓依山傍水修建七星壇，壇高九尺分三層，再派一百二十名兵卒歸我調遣，屆時我登壇借風，助大都督用兵。周瑜大喜說「好，拜託了」。然後甲子日，諸葛亮沐浴更衣，披頭散髮，口中念念有詞，仗劍走北斗，在壇上做法事。後來東風果然來了。諸葛亮在這次戰役中起到了關鍵作用，也就等於說沒有諸葛亮這場戰鬥就難以勝利完成。當時，諸葛亮舌戰群儒，說劉備和劉琦合兵有兩萬左右，但是，在這次戰役中，東吳是主戰場，東吳耗費錢糧最多、出兵最多。經過諸葛亮這一設壇借風，立刻把「孫劉聯盟」中劉備集團的份量提高，甚至拉平兩家的地位和作用。這也成了之後借荊州的理由。

第二件事，關羽守華容道：西元 207 年，諸葛亮跟從劉備，但是一開始張飛和關羽等人並不服氣，他們不理解一個白面書生能做什麼大事。諸葛亮與眾位大將的磨合是需要一個過程的。諸葛亮必須用事實證明自己的價值。在火燒博望坡、火燒新野的戰鬥中諸葛亮小試牛刀，但是，緊接著被曹操一路追殺到當陽、江夏，諸葛亮的神算和計謀似乎毫無用武之地一樣。西元 208 年，諸葛亮在「借東風」結束以後，由趙雲接回夏口，然後諸葛亮點兵遣將，安排截殺曹操。諸葛亮料定曹操一定會敗走彝陵方向的華容道，安排關羽去守護，這是一種刻意安排，因為諸葛亮知道三點：第一是關羽傲氣，第二關羽知恩圖報，第三曹操不能速死，否則無法制衡東吳。結果，在華容道關羽放走曹操，按律當斬關羽，大家都跪下求情，諸葛亮順水推舟，既給了大家面子，又打壓了關羽的傲氣，關鍵是完成了戰略意圖，真是個大豐收。

第三件事，在南郡讓周瑜先攻：赤壁一戰，周瑜殺退曹操大軍之後，整頓軍馬，想乘勝攻下南郡。並且借道賀的機會與劉備談判。談判結果：先由周瑜去取南郡，若是攻不下，任由劉備去取。然後周瑜進攻南郡，守將曹仁按照曹操的錦囊實施安排，打敗周瑜，周瑜還中了毒箭，周瑜順勢設「詐死」之計，結果來偷襲的曹仁被打敗。周瑜追擊到南郡城下，卻見城頭旌旗之下是趙雲，趙雲說「聽說都督在上次戰役中毒箭而亡，我奉命取城」，周瑜滿腔怒火，準備過幾天攻打南郡，恰好此時，孫權召回，去攻合肥。就這樣劉備得了南郡，另外，張飛奪了荊州，關羽攻下了襄陽，至此，劉備半生奔波總算有了自己的地盤。

透過這幾段故事可以看出，諸葛亮多智近妖，精通陰陽八卦，老謀深算，心機重、看事遠。

諸如這些，與天機星情中「觀察力強、喜歡分析研究、思慮周詳、善於謀略、心機重、城府」是相似的。

天機星情之四：口齒伶俐、健談、善辯、口才好。

第一件事，去江東舌戰群儒：為了促成「孫劉聯盟」，諸葛亮出使東吳，東吳眾臣對他不屑，氣勢洶洶向諸葛亮發難。發問內容大概包括這幾方面：對劉備的實力、對諸葛亮的實力充滿懷疑，同時，對曹操很是畏懼。諸葛亮從容對答，先後與張昭、虞翻、步騭、薛綜、陸績、嚴畯、程秉等進行舌戰。痛斥投降派，陳述「孫劉聯盟」一定能戰勝曹操的道理，張昭「無一言回答」；虞翻「面紅耳赤，低頭不語」；步騭、薛綜「語塞口呆」；嚴畯「低頭喪氣而不能對」。眾人盡皆失色。諸葛亮憑自己的勇氣、膽識和滿腹經綸，舌戰群儒，換來了「孫劉聯盟」的成功。

第二件事，罵死王朗：西元228年，諸葛亮揮師北伐，一開始打得比較順利，連魏軍都督夏侯楙也被生擒，蜀軍威名大震，軍臨渭水，直逼長安。曹睿再次命曹真為都督，王朗隨軍前往制敵。王朗自告奮勇要在陣前說服諸葛亮，王朗的論點是：漢朝氣數已盡，曹操是順應天數，你諸葛亮明知不可為而為，興師動武，勞民傷財，罪孽深重，下馬投降尚能保命。諸葛亮並不給他討論「天數」問題，另起一個論點，討論做人底線和職業操守問題，諸葛亮說：「自董卓以來，奸佞小人屢屢凌聖奪權，蒼生塗炭，值此國難之際，你王司徒素食漢祿，又做了點什麼呢？屈膝投降，助紂為虐，同謀篡位，此行徑為天地所不容！你一條斷脊之犬，還厚顏無恥地妄談天數，真不知道你這無恥老賊，有何面目去見漢朝二十四代先帝?!你只苟圖衣食，一生未立寸功，枉活七十六歲，形同朽木禽獸！不配與我對話，一邊吃屎去吧！王朗理屈詞窮，氣塞心肺，落馬而亡。」

第三件事，一封信說死曹真：西元 230 年秋，魏都督曹真上表清邊境伐漢中，於是，曹睿派遣曹真、司馬懿、劉曄引四十萬，奔劍閣取漢中。但是沒有想到遇上連月大雨，千里饋糧，路途泥濘，只能罷兵。徐徐撤退，分兵兩路：曹真引兵於祁山之西斜谷口，司馬懿引軍於祁山之東箕谷口。諸葛亮也派遣兩路追殺魏軍，令馬岱、王平等出斜谷，魏延、陳式等出箕谷；並且自統十萬大軍隨後進發。而曹真不信蜀兵來追，縱令軍士歇息，不加防範。結果被蜀軍打敗，氣鬱成疾，臥床不起。諸葛亮趁機派降兵去給曹真送信，信的大概內容是說：「做為大將必須文韜武略皆通，仰觀天文，俯查地理，能進能退。而你這類不學無術的東西，怎麼會知道這些呢？你現在抱頭鼠竄，人心離散，有何面目去見關中之父老，又有何面目回廟堂趾高氣揚。仲達惕惕，子丹遑遑！我軍直搗長安，魏將不存，速來歸降！」曹真看畢，氣憤塞胸，死於軍中。

透過這幾段故事可以看出，諸葛亮能言善辯、善於辭令，是一個口若懸劍的人。諸如這些，與天機星情中「口齒伶俐、健談、善辯、口才好」是相似的。

天機星情之五：謙遜有禮、理智、心地善良、待人親切。

第一件事，火燒藤甲兵：西元225年，諸葛亮親率大軍平定南中叛亂。為了貫徹「心戰為上，兵戰為下」戰略思想，與南王孟獲六次交戰後，六擒六縱，孟獲依然負隅頑抗，絕不投降。他又請來烏戈國的三萬藤甲軍，與諸葛亮決戰，藤甲軍身穿的藤甲刀箭不入，所向無敵，首次作戰把蜀軍打敗了。後來，諸葛亮把藤甲兵引入盤蛇谷，用火攻才取勝。諸葛亮站在高地，看著藤甲兵被大火吞噬，淚流滿面，南蠻士兵也是爹生媽養的，都是家裡的頂樑柱，從此老父親失去兒子，幼子失去父親，嬌妻失去丈夫。想到這裡，諸葛亮說：「能走的就放他們走吧！」這一戰，孟獲第七次被擒，走投無路只能投降，孟獲還說服其他部落來投降，從此南中地區重回蜀漢。

第二件事，瀘水祭祀冤鬼：西元 225 年秋九月，孟獲誠心歸順以後，孔明班師回朝，軍至瀘水，忽然烏雲密布，狂風驟起，波濤洶湧，兵不能渡。據土人告知，這是冤鬼作亂。孔明說：「此乃我之罪也。吾今晚當親自往祭。」於是，諸葛亮依照當地風俗，殺牛宰馬，和麵為劑，塑成肉饅頭。當夜於瀘水岸上，設香案，鋪祭物，列燈盞，揚招魂幡。三更時分，孔明親自臨祭，令董厥宣讀祭文。之後，孔明命令把祭物盡棄於瀘水之中。次日，風平浪靜地渡過瀘水。

透過這幾段故事可以看出，諸葛亮是一個善良的人，鏖戰在血海尚能心存善念，也是一個尊重民間風俗的人。

諸如這些，與天機星情中「謙遜有禮、理智、心地善良、待人親切」是相似的。

天機星情之六：神經過敏、幻想太多、多愁善感、心神不寧、心理壓力重、好逞強、猜疑。

第一件事，**夢見趙雲**：西元229年，諸葛亮第二次北伐之前，趙雲去世，為此諸葛亮痛哭流涕。有一天晚上，諸葛亮在寫《出師表》的時候有點困頓，打了個盹，夢見趙雲說「克復中原的重任就靠你了」。忽然醒來，不覺熱淚盈眶。

第二件事，**晚年身體多病**：西元230年秋，諸葛亮第三次北伐中，諸葛亮病了，屢屢在關鍵時刻頭暈、頭痛，無奈而撤退。

第三件事，**對威嚴的忠誠度有懷疑**：魏延本是劉表部將，當年魏延殺死韓玄，獻城投降劉備，但是此舉被諸葛亮認為「食其祿而弒其主，不忠不義」，這個陰影一直存在諸葛亮大腦中，不敢信任他。在三出祁山因為諸葛亮的疾病而準備撤回的時候，魏延曾說，丞相回漢中養病，我留下來指揮作戰，但是諸葛亮不敢委以重任，搪塞他。在六出祁山諸葛亮垂危之際，魏延又一次提出留下來的意見，諸葛亮說要回去奏明天子，而搪塞了魏延。但是，魏延勇猛過人，戰功赫赫。在魏延的心路歷程中，他是因為屢次建言不被重視，同時，諸葛亮臨終前遺命楊儀統兵而不是他魏延，因此才會有諸多的不滿。

第四件事，默默祈禱：西元234年，諸葛亮六出祁山之前，去廟中拜望劉備石像，熱淚盈眶，信誓旦旦，鞠躬盡瘁，死而後已。但是，這次司馬懿堅守不戰，靜待諸葛亮糧草用盡而退，任憑諸葛亮使用什麼計策都不為所動。為此諸葛亮很是發愁，吃不下飯，看著帳外的風旗，滿含熱淚，心裡說：二將軍、三將軍希望冥冥之中暗助我一臂之力，早日克復中原。

第五件事，事無鉅細都要批示過問：西元234年，六出祁山，司馬懿堅守不戰。諸葛亮使用激將法，差人給司馬懿送去女人的衣服，寫信羞辱司馬懿像女人一樣膽小，沒想到司馬懿不上當，款待來使並且說：「諸葛亮高才，我不及也。他的寢食以及事務繁簡如何？」來使照實回答說：「丞相每日早起晚睡，軍務卷宗親自批閱，每日吃得很少」。司馬懿說：「丞相年紀半百食少而事繁，豈能久乎。」很不幸，這次被司馬懿言中了，諸葛亮死於軍營之中。諸葛亮太累了，他的壓力太大了，他需要休息。

透過這幾段故事可以看出，諸葛亮是一個多愁善感的人。他積勞成疾，以致於神經過敏和猜疑心加重。

諸如這些，與天機星情中「神經過敏、幻想太多、多愁善感、心神不寧、心理壓力重、好逞強、猜疑」是相似的。

魏國謀士賈詡曾經說「諸葛亮善治國」。魏國謀士劉曄曾經說「諸葛亮明於治而為相」。

劉備曾經說「孤之有孔明，猶魚之有水也」。

綜上所述，天機星的代表人物是諸葛亮。用諸葛亮比喻天機星，目的是讓大家想到「諸葛亮」或者想到那些故事，就知道天機星的基本星情，便於記憶。

第十節 劉禪與天同星

天同星

代表人物—劉禪

為什麼說廉貞星的代表人物是「劉禪」呢？

天同星，其星情可以用兩個字表示，一個是童年的「童」；另一個是相同的「同」。童年總是離不開吃、喝、玩、樂這幾個字，或者說有點藝術和娛樂性質。相同，指的是平行空間，比如外省和本省是相同地位的，外國和本國是相同地位的等等。

另外還有自私冷漠、超然出世、看透一切、參禪悟道等含意。

天同星情之一：溫和、心寬、仁慈、平易近人、有人緣、處事通融、知足常樂、精通文墨。

劉禪的活了六十四歲，在位四十多年，是生活在父輩的光環之下的，父親劉備和諸葛亮都是德才兼備的大英雄，所謂大樹底下好乘涼，確實容易獲得安逸，但是，也很容易變得無為。這是他的客觀環境。

他一生沒有濫用權力陷害大臣，大多數情況下聽取大臣的勸諫，與大臣們相處融洽，家庭和弟兄之間也比較和睦，信任諸葛亮，在諸葛亮去世以後，仍然重用諸葛亮留下的姜維等人，這些對一個封建皇帝來說是難能可貴的。說到這裡可能有人會說起「劉琰」和「胡氏」，不過，這是一個懸案，沒有史料證明劉禪與胡氏有染，胡氏進宮祝賀新春是正常的禮儀程序，而且是「太后令特留胡氏，經月乃出」。結果劉琰暴打妻子「幾死復甦」，這明擺著是給劉禪扣屎盆子。胡氏控告劉琰，大臣蔣琬、董允等合議處死劉琰，諸葛亮同意了，這不是劉禪自己能決定的。而且這個事件之後，劉禪廢除了大臣女眷入朝賀新春的規定。在後期，劉禪生活腐化時，譙周和董允等上書勸柬，劉禪最多也就是無可奈何，而不是記恨在心伺機除掉他們。黃皓被寵信而弄權攝政的時期，黃皓與董允、姜維、劉永、諸葛尚等關係都很差，大家想想這宦官能不向劉禪說他們的壞話嗎？但是並沒有出現劉禪因此加害忠臣的事情。中國歷代封建皇帝裡面，劉禪是對大臣動刀最少的一個了。

我們再從另一個側面說一下劉禪：劉備在世的時候，為了讓劉禪長見識學本領，劉備讓他學習《左傳》、《韓非子》、《管子》、《六韜》等書，並且是由諸葛亮親自督學。還讓他學武，有記載：「射山，在成都縣北十五里，劉主禪學射於此。」

總之透過這些故事可以看出劉禪是一個溫和、寬厚、仁慈、有人緣、精通文墨的君主。

諸如這些，與天同星情中「溫和、心寬、仁慈、平易近人、有人緣、處事通融、精通文墨」是相似的。

天同星情之二：缺乏主見、優柔寡斷、依賴心重、缺乏幹勁、畏首畏尾、想多做少、喜享樂、懦弱。

西元219年，關羽戰死於麥城，劉備傷心地冒然攻吳。西元222年，劉備被陸遜打敗，退到白帝城，病危之時急召諸葛亮「白帝城託孤」。西元223年，劉禪繼位，時值十七歲。自此，劉禪依靠諸葛亮治理國政，政事無鉅細，咸決於亮，委以諸事，不加干涉，基本上都是「就按丞相說的辦吧」，這樣的情況一直到西元234年，劉禪實際就是一個傀儡皇帝。諸葛亮死訊傳來時，劉禪哭倒於龍床之上，連日傷感而不能上朝，當靈柩運回時，劉禪率文武百官，出城二十里相迎。

劉禪的貴人總是很多，諸葛亮去世以後，劉禪「自攝國事」，但主要還是靠費禕、董允、蔣琬等賢臣的輔佐，軍事上靠姜維等人。休養生息，無為而治。正是因此，蜀漢的實力雖然比不上曹魏與東吳，卻又堅持了三十年之多。總之透過這些可以看出劉禪欠缺決斷大事的能力、缺乏幹勁、依賴心很重。

黃皓，是劉禪的宦官。他善於玩樂，善於阿諛奉承，善用鬼神巫術，瘋狂的取悅於劉禪，處心積慮往上爬，一步步攬朝攝政，並排擠前線的大將軍姜維。就是這麼一個人，劉禪卻捨不得殺他。很多大臣，比如諸葛瞻、諸葛尚、董允、鄧艾、姜維等，先後進諫劉禪，請求處死黃皓，劉禪都沒有同意。透過這些可以看出劉禪是一個喜歡享受的人，是一個懦弱而不能戰勝自我的人。

諸如這些，與天同星情中「缺乏主見、優柔寡斷、依賴心重、缺乏幹勁、畏首畏尾、想多做少、喜享樂、懦弱」是相似的。

天同星情之三：看透紅塵、識時務、知進退、明哲保身、超然世外、平行空間、自私麻木。

西元263年，魏國派鍾會、鄧艾等進攻蜀國，大軍壓境，城池被破，劉禪與群臣商議如何抵禦，出現兩派意見，北地王劉諶（劉禪的兒子）死諫與城池共存亡，劉禪沒有答應，於是劉諶全家自殺。光祿大夫譙周極力主張投降。最後，劉禪接受譙周的建議，向曹魏投降。

劉禪很清楚自己的處境，他心中有百姓，以百姓為重，社稷為輕，國力懸殊，失敗難免，做為國君，身上還承擔著千萬百姓的生命，如果不投降，必將血流成河，連年的北伐百姓早不堪重負。

蜀漢滅亡，劉禪被帶到洛陽，封為安樂縣公。有一天，司馬昭設宴款待劉禪和蜀國舊部，期間演奏蜀樂曲助興，蜀漢舊臣個個低頭不語，獨劉禪怡然。司馬昭問劉禪：是否思念蜀國，劉禪答：「此間樂，不思蜀也。」沒過幾天，司馬昭又問同樣的問題，劉禪回答「是的」。司馬昭說：「咦，這話誰教你說的？」劉禪說：「郤正啊！」司馬昭及大臣哈哈大笑。司馬昭見劉禪確實沒有復國之心，從此就放心了。劉禪在洛陽度過餘生。西元271年，劉禪去世。

透過這一段對話，我們來分析：一般情況下，有人問你想家嗎？這個疑問句要求的回答是「想家」或者「不想家」。但是劉禪的回答很詭異，他不光回答了「不想家」，還把原因說得清清楚楚，這很明顯是事先準備好的答案，而且是反覆多次思考的答案。這說明什麼？說明劉禪暗自流過很多思國的淚了，但是為了保全自己和舊部的生命，只能裝傻啊！後來被司馬昭再次問，很明顯司馬昭對他不放心啊！但是被看破戳穿，只能直接供出是郤正教他說的，如果他不這麼說會是什麼後果呢？表面的麻木和愚笨，背後隱藏著過人的機智。

透過這些可以看出劉禪是一個識時務、知進退、明哲保身的人。諸如這些，與天同星情中「看透紅塵、識時務、知進退、明哲保身、超然世外、平行空間、自私麻木」是相似的。

諸葛亮曾經評價劉禪說：「朝廷年方十八，天資仁敏，愛德下士。」

莎士比亞說過：「裝傻裝得好也是要靠才情的：他必須窺伺人們的心情，瞭解他們的身分，還得看準了時機，這是一種艱難的工作。」

綜上所述，天同星的代表人物是劉禪。用劉禪比喻天同星，目的是讓大家想到「劉禪」或者想到那些故事，就知道天同星的基本星情，便於記憶。

第十一節 魯肅與天相星

天相星

代表人物—魯肅

為什麼說天相星的代表人物是「魯肅」呢？

天相星情之一：斯文、謹慎、踏實、忠誠、厚道、辦事得體、善溝通、富親和力、重感情、重名譽、有眼光、大局觀念強。

第一件事：投奔孫權：魯肅最早是袁術手下的東城縣令，但是袁術不是能成大事的人，魯肅審時度勢，毅然搬遷到居巢，交好並且資助周瑜及其軍隊。當袁術聽說他搬家的事後，派人去阻攔，但是魯肅去意已決。西元200年，周瑜向孫權舉薦魯肅，於是魯肅去投奔孫權，孫權與魯肅共飲並商議國事，兩人談得很投緣，後來一直非常器重魯肅，朝中大事，魯肅都參與策劃。魯肅幫助孫權制訂了國家戰略方針：一是漢室不可復興，曹操不可卒除。二是鼎足江東，以觀天下之釁，這相當於東吳版「隆中對」，但是比諸葛亮早了七年。

第二件事，促成「孫劉聯盟」：西元 208 年，曹操大軍南下荊楚，魯肅借弔唁劉表之機，試探劉備的意見，在聯合抗曹的問題上，劉備、諸葛亮、魯肅意見是一致的。曹操在擊潰劉備後，想一舉鯨吞孫權。在當陽長阪，魯肅再次去見與劉備，勸劉備聯合孫權，共同抗曹。於是劉備派諸葛亮隨魯肅去柴桑會見孫權，拉開了「火燒赤壁」的序幕。後來，勸說孫權堅定抗曹決心、為諸葛亮引見周瑜、幫助諸葛亮完成草船借箭、和周瑜共同制訂連環計的方案、諸葛亮借東風以後妥善安排他離開東吳等。可以說魯肅對東吳、對「孫劉聯盟」、對三國鼎立，都做出了重大貢獻。

透過這些故事可以看出，魯肅是一個忠厚忠誠並且具有遠見卓識、高瞻遠矚的人，一個政治斡旋能力很強的人。

諸如這些，與天相星情中「斯文、謹慎、踏實、忠誠、厚道、辦事得體、善溝通、富親和力、重感情、重名譽、大局觀念強」是相似的。

天相星情之二：好管閒事、老好人、膽小、按部就班、虛榮心重、粉飾太平、眼高手低、輕信別人、意志薄弱。

第一件事，四次向劉備討還荊州：荊州是古代九州之一，東漢荊州轄九郡：南陽郡、南郡、江夏郡、零陵郡、桂陽郡、武陵郡、長沙郡，襄陽、章陵。包括現在的湖南、湖北全部，以及河南、四川、江西一部。處在中國中部，位於江漢平原腹地，交通便利，萬里沃野，向南直達廣西、廣東境內；向北到達河南境內，可以進攻曹魏控制的長安、洛陽等地；向東是湖北、江西交界；向西可達貴州、四川境內，荊州又處於長江中游，可以打通水上通道。戰略位置十分重要，是兵家必爭之地。孫權想得到荊州是為了把疆土連成一片，同時通調長江與湘江水運，發揮自己的水軍優勢。是對抗曹操的重要戰略基地。

第一次討還荊州：西元208年，曹操揮師南下，拿下樊城、江陵、襄陽等地，南郡的劉琮投降了。劉備一路南逃，投奔江夏的劉琦。此時荊州已經歸了曹操。同一年，在赤壁之戰中，「孫劉聯盟」大敗曹軍，但是在這次戰役中，主力軍是東吳，劉備只是輔助。赤壁之戰勝利以後，孫權得到了江陵和江夏，劉備憑藉聯合作戰，趁機取得荊南四郡（長沙，桂陽，零陵，武陵）。之後周瑜打敗了南郡的曹仁，但是劉備趁勢巧取南郡。至此，劉備擁有五郡，獲得了巨大收益，利益分配不公引起東吳的不滿，派遣魯肅前去交涉。然而劉備和諸葛亮說荊州本來是劉表的地盤，劉表雖死可是他兒子劉琦尚在，劉備以叔叔身分幫助劉琦復奪荊襄是責無旁貸之事。最後兩家商定：劉琦死後，才把荊州還給東吳。魯肅同意了。

第二次討還荊州：西元209年，劉琦病死。按照之前的約定，歸還荊州的事情再次被提上日程，魯肅再次來處理相關事宜，但是，諸葛亮先是對魯肅一頓呵斥，又說，取了西川以後再還荊州。無奈之下，魯肅只得與劉備、諸葛亮立下文書並簽字。這次討還荊州以後，還上演了周瑜實施「美人計」引誘劉備，其實目的還是逼迫他歸還荊州，但是周瑜沒有成功。

第三次討還荊州：東吳想透過外交談判手段索回荊州。魯肅三度前往，而諸葛亮促膝談心地說劉璋為劉備同宗，不忍心攻打西川，怕「被外人唾罵」。劉備說「還了荊州，何處安身」，說完劉備放聲大哭，諸葛亮利用魯肅的同情心，把魯肅擋了回去。這次討荊州之後，周瑜實施「假途滅虢」之計，目的仍然是奪取荊州，被諸葛亮識破，勞師動眾卻無功而返。

第四次討還荊州：西元 215 年，劉備取益州，按照之前的約定，該換荊州了。諸葛瑾來索取荊州，劉備假意答應，但是孫權派了官吏去接手，被關羽轟回來了，孫權大為惱火，孫劉聯盟關係面臨破裂，劍拔弩張，在這緊要關頭，魯肅決定和關羽當面談判。關羽單刀赴會，魯肅據理力爭，一度把關羽說得啞口無言。談判的結果是關羽挾持魯肅送他到碼頭，揚長而去。魯肅嚇得半晌才緩過氣來。魯肅在平衡「孫劉兩家」關係上掙扎多年，磨平了他的銳氣和鋒芒，耗盡了他的才智和生命，在西元 217 年病逝。西元 219 年，激進派呂蒙，白衣渡江，奪取荊州，「孫劉聯盟」徹底破裂，為蜀國和吳國的滅亡埋下了伏筆。

透過這些故事可以看出，魯肅是一個心慈面軟的人。他有長遠的眼光、長於戰略謀劃但是不喜歡動武。

諸如這些，與天相星情中「好管閒事、老好人、膽小、按部就班、虛榮心重、粉飾太平、眼高手低、輕信別人、意志薄弱」是相似的。

陳壽曾經說：「魯肅少有壯節，好為奇計。家富於財，性好施與……。」

易中天說：「魯肅是一個很豪爽的人……而且魯肅也很有政治頭腦。」

綜上所述，天相星的代表人物是魯肅。用魯肅比喻天相星，目的是讓大家想到「魯肅」或者想到那些故事，就知道天相星的基本星情，便於記憶。

第十二節　關羽與七殺星

七殺星

代表人物—關羽

為什麼說七殺星的代表人物是「關羽」呢？

七殺星情之一：威嚴、不畏挑戰，自信、權威、令人崇拜、有威信。

第一件事，溫酒斬華雄：西元189年，董卓殘暴不仁、朝堂專權。西元190年，袁紹、曹操等十八路諸侯共同討伐董卓，當時劉備帶張飛、關羽跟隨屬於十八路諸侯之一的公孫瓚。然而前鋒孫堅在進軍汜水關時被華雄擊敗，華雄為董卓的猛將，於汜水關前，他先後斬殺鮑忠、祖茂、俞涉和潘鳳等人，華雄不可一世。這個時候，關羽主動請戰，在幾個回合之內取華雄首級，從此諸侯之中都知道有關羽這麼一號人物，關羽揚名立萬。

第二件事，賺城斬車冑：西元 198 年，董國舅哭訴「衣帶詔」，與劉備等密謀殺曹。曹操青梅煮酒論英雄，讓劉備吃了一驚。為擺脫曹操控制，劉備向曹操申請帶兵去攻擊袁術，很順利地擊敗袁術後，劉備把從曹操那裡帶出的五萬精兵佔為己有，曹操很生氣，郭嘉說「備不肯回兵，可知其心變矣」。所以西元 200 年派車冑去害劉備。關羽說「我有一計，可殺車冑」，然後趁夜扮作曹軍到徐州叫門。車冑猶豫地出城，關羽大叫「安敢殺吾兄」，手起一刀，砍於馬下，諸軍倒戈投降。又割下首級提回。這下可好，等於向強大的曹操宣戰了。

第三件事，白馬之戰：西元 200 年，袁紹和曹操在官渡交戰，在白馬之圍時遭遇顏良率領的百萬大軍，先鋒顏良三個回合殺宋憲、一個回合殺魏續，宋憲、魏續和張遼以前同是呂布手下的猛將。接著二十個回合戰敗大將徐晃，可見顏良的戰鬥力是超強的。關羽單騎衝入亂軍叢中，以迅雷不及掩耳之勢，一刀將顏良斬於馬下。次日，文醜來為顏良報仇，先是射退張遼，再戰徐晃，三十回合不分勝負。可見文醜武藝也很厲害。關羽上陣後，戰了幾個回合，文醜想溜走，誰知道赤兔馬幾步就追上了，一刀直接將文醜砍死。白馬之圍遂解。關羽因此被封為「漢壽亭侯」。「白馬之戰」被稱為官渡之戰的「前哨戰」。

透過這幾段故事可以看出，關羽是一個武藝超群、敢作敢為、極其自信的人。也是一個令人膜拜的人。

諸如這些，與七殺星情中「威嚴、不畏挑戰，自信、權威、令人崇拜、有威信」是相似的。

七殺星情之二：智勇雙全、獨當一面、聰明、敏銳、嚴肅、理智、謹慎而果斷。

第一件事，單刀赴會：西元 215 年劉備佔領益州，按照之前和魯肅的約定，這個時候該歸還荊州了。但是劉備和諸葛亮不想歸還。孫權極為惱火，劍拔弩張，孫劉聯盟面臨崩潰，在這緊要關頭，魯肅為了維護孫劉聯盟的關係，邀請駐守荊州的關羽赴宴，但是先埋好伏兵，一旦談崩，就決定殺害關羽。關羽只帶一口刀和少數隨從，孤舟渡江赴宴。但是，也在河面上安排了接應的部隊。氣氛極其恐怖。酒席之上，魯肅直奔主題、步步緊逼，索取荊州，關羽說飲酒莫談國事。後來，關羽佯裝喝醉，右手提刀，左手拉住魯肅，使其送自己去江邊，一直到了碼頭才放開魯肅的手，埋伏的刀斧手見魯肅不能脫身，也就不敢動手。關羽登船拱手，魯肅半天才緩過氣來。關羽赴宴重挫了吳國的銳氣，孫權暫時擱置了荊州之事。

第二件事，水淹七軍：西元 219 年，劉備自立為漢中王以後，按照諸葛亮的戰略部署，開始進攻曹操。西路有劉備親自指揮向漢中進兵，東路有荊州的關羽攻打中原。關羽安排部將留守江陵和公安，自己親自率領大軍開始進攻樊城。樊城的魏將曹仁向曹操求救。曹操命于禁、龐德統帥七路大軍星夜兼程去救援。關羽親自迎敵，關羽、龐德大戰兩天後，被龐德射傷，十天乃癒。關羽長期征戰在荊襄地區，對當地的地理環境和氣候十分瞭解。時值秋八月，他看到曹軍駐紮在低窪地區，心生一計。適逢樊城連日大雨，關羽差人堰住各處水口，襄江水勢猛漲，再放水淹了樊城七軍大營，然後率領水軍和事先準備好的船隻殺向曹軍，一場惡戰下來，關羽擒于禁斬龐德，俘獲了七路魏軍。名震華夏。

透過這兩段故事可以看出，關羽是一個睿智果敢的人，是一個有勇有謀的統帥。諸如這些，與七殺星情中「智勇雙全、獨當一面、聰明、敏銳、嚴肅、理智、謹慎而果斷」是相似的。

七殺星情之三：堅守、俠義、重情義、堅定、執著、有毅力、肯吃苦。

第一件事，從桃園結義到封金掛印：東漢末年，朝廷腐敗，連年災荒，民不聊生。劉備、張飛、關羽三人情誼相投，相約共同闖一番事業。三人在一桃園焚香結拜為異姓兄弟。此時正值桃花盛開，花紅似火，生機盎然。三人青春蕩漾，滿懷豪情壯志。在之後的幾十年之中生死與共，歷經廝殺和磨難，終於創建蜀國霸業。理想是美好的，過程是艱難的。西元 200 年春季，衣帶詔事發。曹操追殺劉備，在徐州被曹操打敗，劉備跟關羽和張飛失散，獨自投奔河北袁紹。關羽被逼到土山，曹操派遣張遼說降。關羽提出三個先決條件：一是只投降漢帝，不投降曹操；二是劉備的兩位夫人要受到優待和尊重；三是日後得知劉備的下落就立刻去投奔，不可阻攔。三個條件缺一不可。曹操愛惜人才，應諾關羽的全部要求。後來，在白馬之戰後，關羽得知了劉備的消息，就去向曹操辭行。曹操閉門謝客，關羽去了好幾次，都被拒見，張遼也推託有病不接見。關羽深知他們的用意，給曹操留下一封信。然後，把曹操贈送的所有金銀珠寶都封存起來，把賞賜的「漢壽亭侯」的大印懸掛在屋裡，僅僅帶舊部數人，護送兩位嫂夫人，過五關斬六將，毅然決然地去投奔劉備。

第二件事，華容道義釋曹操：西元 208 年冬季，赤壁之戰中曹軍被打敗，曹操疲憊地敗走華容道。遇到埋伏在那裡的關羽。曹操人困馬乏，無力再戰。如果此時活捉曹操，那真是輕而易舉。但是，曹操流淚央求，希望看在昔日情份上放他一馬。看著狼狽不堪的曹操，和皆欲垂淚的曹軍，想起曹操往日對自己的知遇之恩，關羽下不了手了，勒住馬，說：「散開。」就這樣曹操慌忙逃竄。

透過這兩段故事可以看出，關羽是是一個重情重義的人，並且不管在什麼情況下都依然堅守自己的承諾和誓言，不為金錢和地位所動搖。

諸如這些，與七殺星情中「堅守、俠義、重情義、堅定、執著、有毅力、肯吃苦」是相似的。

七殺星情之四：急躁暴躁、個性衝動、不計後果、冒險投機、易起衝突、歷盡滄桑、孤獨、激烈、霸道、叛逆、頭碰南牆不回頭、一條道走到黑、自負、傲慢、氣傲皇天。

第一件事，大意失荊州：西元208年，赤壁之戰後，劉備又向南攻取長沙、零陵、武陵、桂陽四郡（屬於荊州的南部）。西元212年，劉備佔領了西川，諸葛亮派關羽鎮守荊州。西元219年，劉備派遣關羽出兵攻打曹操的襄樊地區，臨行前王甫向關羽建言說「糜芳、傅士仁守二隘口，恐不竭力」，關羽沒有採納，另外，關羽命令傅士仁與糜芳兩人準備軍資，但兩人沒有完成任務，關羽責罵他們並說「回來再收拾你們」，兩人皆恐懼不安。孫權派呂蒙趁虛偷襲，呂蒙把戰士化裝成客商，騙過了關羽的守軍前哨，順利渡江。守將傅士仁與糜芳，一同不戰而降，導致荊州失陷。

第二件事，敗走麥城：西元219年末，關羽在樊城戰鬥失利，又失去了荊州，只剩三百人馬，來到了麥城。麥城城內根本沒有軍糧。求助於上庸，但是劉封、孟達見死不救；劉備遠在西川，救兵無法及時趕來。關羽準備突圍，要走小路，王甫勸諫說「小路有埋伏，應該走大路」，可關羽仍然不聽，還說「就算有埋伏，我還怕什麼」。於是和關平、趙累率兩百人從小路突圍。結果中了東吳呂蒙的埋伏。關羽被擒獲，寧死不屈，西元220年，被孫權斬殺。

透過這兩段故事可以看出，關羽是是一個很傲慢、剛愎自用、霸道、自負的人，對別人的要求也很苛刻。

諸如這些，與七殺星情中「急躁暴躁、個性衝動、不計後果、冒險投機、易起衝突、歷盡滄桑、孤獨、激烈、霸道、叛逆、頭碰南牆不回頭、一條道走到黑、自負、傲慢、氣傲皇天」是相似的。

曹操曾評價關羽說：「事君不忘其本，天下義士也。」郭嘉曾評價關羽說：「張飛、關羽者，皆萬人之敵也。」

綜上所述，七殺星的代表人物是關羽。用關羽比喻七殺星，目的是讓大家想到「關羽」或者想到那些故事，就知道七殺星的基本星情，便於記憶。

第十三節　貂蟬與太陰星

太陰星

代表人物—貂蟬

為什麼說太陰星的代表人物是「貂蟬」呢？

1、太陰星情之一：文靜溫雅、清秀美麗、有文采、愛好歌舞等娛樂形式。

《三國演義》的第八回中說，司徒王允的歌女，國色天香，有傾國傾城之貌，傳說，貂蟬漫步月下，月裡嫦娥自愧不如，不敢與她爭輝，趕緊躲在雲彩後面。身姿俏美，行時風擺楊柳。

董卓見第一次見到貂蟬時問：「此女何人？」允曰：「歌伎貂蟬也。」卓曰：「能唱否？」允命貂蟬執檀板低謳一曲。

透過這些文字可以看出，貂蟬是一個美人，而且能歌善舞。諸如這些，與太陰星情中「文靜溫雅、清秀美麗、心靈純潔、有文采、愛好歌舞等娛樂形式」是相似的。

2、太陰星情之二：心思細膩、重感情、多愁善感、心靈純潔、小心謹慎。

西元192年，董卓，禍害朝綱、濫殺大臣、強搶豪奪、強姦婦女，百姓水深火熱，群臣岌岌自危，然而曹操曾經行刺董卓沒有成功，十八路諸侯仍然沒有殺掉董卓。有一天，司徒王允在家尋思朝中之事，坐不安席。於是晚飯後到花園裡散步，腦子裡還在琢磨如何除掉董卓，他的義子呂布隨身左右，驍勇異常，必須先離間董卓和呂布的關係，否則難以除掉董卓。可是怎麼離間他們呢？正在王允百思不得其計時，傳來女子的嘆息聲，順著聲音，王允朝著花園另一邊走去，發現一個女子坐在石臺上悶悶不樂，正是府中的歌妓貂蟬。平日王允對待貂蟬像女兒一樣，他上前問道：「貂蟬，何故深夜在這兒唉聲嘆氣的？妳有什麼傷心事嗎？」貂蟬趕緊說：「最近見大人總是兩眉愁鎖，特別是今天，更是坐臥不寧，猜想肯定是朝中有什麼棘手難辦的事情，而且是大事，可是自己也幫不上忙，承蒙養育和恩惠，感覺無奈和慚愧，所以不覺間嘆氣的。」

透過這段故事中可以看出，貂蟬是一個心地善良、善解人意、知恩圖報的人，也是一個多愁善感的人。

諸如這些，與太陰星情中「心思細膩、重感情、多愁善感、心靈純潔、小心謹慎」是相似的。

3、太陰星情之三：勇於負責、要求完美、至柔至剛。

王允拉貂蟬到畫閣中，納頭便拜。貂蟬驚伏於地曰：「大人何故如此？」王允淚如泉湧說：「非汝不能救也。奸賊董卓想篡位，朝中文武都無計可施，我想用『連環計』……。」貂蟬說，「但有使令，萬死不辭。」從此以後，貂蟬周旋於董卓和呂布兩人之間，送呂布以秋波，報董卓以嫵媚。把兩人弄得神魂顛倒。在董卓面前，極力表現得溫柔純良，在呂布面前則委屈剛強；在董卓面前極訴忠貞不二，在呂布面前則極怒其不爭。挑撥離間兩人關係，又用激將法激起兩人的憤怒。這樣一來，給王允說服呂布殺掉董卓打下了堅實的基礎，最後共同剷除了董卓。

透過這段故事可以看出，貂蟬是一個忠義、深明大義、忍辱負重，剛毅、機智勇敢的人。

諸如這些，與太陰星情中「勇於負責、要求完美、至柔至剛」是相似的。

4、太陰星情之四：逃避現實、多動或出行出走等、隱藏、自憐、悲觀、有潔癖、魄力不足、抗壓力低。

複雜險惡的政治和社會環境中，粗暴剛雄甚至鮮血淋漓的男人世界裡，從貂蟬一出場就顯得很突兀和意外。《三國演義》雖然在書寫貂蟬的時候濃墨重彩，但是留下了很多的藝術空白，比如在諸多史料中對貂蟬描述都比較模糊，這是為什麼？是不知歷史上真的有這麼一個人呢？再比如貂蟬的歸宿問題等。這樣一來，貂蟬這一藝術形象就更加撲朔迷離。隱藏得這樣深，到底為什麼呢？

第一、是否歷史上真的有「貂蟬」這麼一個人，這有三種可能——

A、有這樣一個人，但是她並不叫做貂蟬。那個時代，女人很看重自己的名聲和貞操，對於一個推動歷史進程的女人，男人們除了汗顏和自愧不如，更多的是尊重。所以，為了她以後能夠嫁出去和生活幸福，必定會隱藏她的真名。而「貂蟬」一詞是一種宮中女官的稱呼，是負責宮中頭飾和貂蟬冠的女官。所以那些從「貂蟬」這個名字開始的研究、考古，以及翻閱古籍，所得到的結果都是錯誤的。

B、有這樣一個人，但是故事是作者根據真人虛構加工的。這種可能性很大。

C、完全虛構。這種可能性不大，因為呂布殺董卓是事實，如果僅僅像有些史料說的是呂布調戲董卓的小妾，那呂布是羞愧和自責心理，否則在鳳儀亭呂布也不會直接地逃離，所以呂布殺董卓的動力不足。

第二、董卓死後，貂蟬去了哪裡？

大家都知道，三國中有很多謀士，他們出謀劃策依靠什麼？一是靠心理和性格分析，二是八卦奇門等預測學，三是軍事知識，四是天文地理知識。有的謀士是四者兼用，比如諸葛亮，有的是用其中一兩種，比如曹操謀士郭嘉主要用性格和心理推理，但是每次都言中，以致於郭嘉中年早逝使曹操傷心了好一陣子。由此可以看出性格推理命運或者結局是很厲害的。同樣的道理，小說或者史學，人物結局也離不開性格。對於貂蟬這樣的一個大義凜然的奇女子，選擇參加王允的計畫，本身沒打算活著回來。所以——

A、她並不真的愛呂布，而且呂布遇到貂蟬之前有妻子嚴氏，呂布懼內，否則可能不會死在下邳城。他們結合有難度。

B、她也不愛董卓。只是逢場作戲。這一點是肯定的。

C、他真的愛呂布，但是真愛很脆弱，出於真愛，失身以後的貂蟬絕不會再去嫁給呂布。這種結果極可能。

所以，她的結局只有三種形式，一是自殺殉情，二是完成任務隱居田園，三是出家為尼。這是根據她的性格決定的命運結局。

透過這些分析可以看出，貂蟬這個人物雖然是很模糊和隱蔽的，但是結局是註定的。

諸如這些，與太陰星情中「逃避現實、多動或出行出走等、隱藏、自憐、悲觀、有潔癖、魄力不足、抗壓力低」是相似的。

蔡東藩在《後漢演義》說：「普天下之忠臣義士、猛將勇夫不能除一董卓，而貂蟬獨能除之。」

綜上所述，太陰星的代表人物是貂蟬。用貂蟬比喻太陰星，目的是讓大家想到「貂蟬」或者想到那些故事，就知道太陰星的基本星情，便於記憶。

第十四節 趙雲與太陽星

太陽星

代表人物—趙雲

為什麼說太陽星的代表人物是「趙雲」呢？

太陽星情之一：熱情、溫和、積極、瀟灑、聰明、善良、親切、和藹、穩重、無心機、心寬、慷慨、善解人意、坦率、忠誠、堅守信義、光明正大、雄辯、威嚴、勇猛、英勇頑強、孝順、顧家、精力充沛、活力十足。

趙雲濃眉大眼、相貌堂堂。趙雲的性格與張飛和關羽不同，張飛敬上而責下，關羽傲上而護下。趙雲平易近人，人緣好，在三國演義中沒有與人爭執或者仗勢欺人。可以說趙雲是一個近乎完美的人。

第一件事，追隨實施仁政的人：西元190年劉備投奔公孫瓚，參與十八路諸侯討伐董卓。西元191年趙雲受常山郡推舉，率眾投奔公孫瓚。公孫瓚說：「你為什麼不跟隨袁紹呢？」趙雲回答說：「我們常山人經過商議，決定要追隨能夠實施仁政的地方。」也是在公孫瓚帳下，劉備與趙雲相識並且英雄惜英雄，兩人相見恨晚。西元191年公孫瓚派劉備去幫助青州刺史田楷抵抗袁紹。趙雲隨劉備出征，為劉備掌管騎兵。後來，趙雲因為家兄去世，向公孫瓚辭歸，劉備握著趙雲的手依依不捨。一直到西元200年，劉備在徐州被曹操打敗而去依附袁紹。在鄴城見到劉備，後來相隨一生，終身不渝。

第二件事，對待老鄉：西元202年，劉表派劉備北伐曹操，一直打到葉縣，於博望坡火燒曹軍，夏侯惇等將領敗逃回許都。趙雲生擒夏侯蘭。而夏侯蘭是趙雲的老鄉，他精通法律，於是推薦給劉備，做了軍正，掌軍事刑法。

第三件事，長阪坡救少主：西元208年，曹操派曹純領五千精兵急襲江陵，劉備潰敗當陽附近，與家眷失散，而此時涼風透骨，四更時分，趙雲不顧個人安危，轉身殺回曹軍，單槍匹馬，去尋找兩位嫂嫂和劉禪，與曹軍厮殺至天明，途中先後斬殺夏侯恩等五十多位大將，殺透重圍，血滿征袍。終於救出甘夫人和劉禪。

第四件事，國色寡嫂樊氏：西元 208 年，赤壁之戰後，趙雲奉命，領三千人馬去奪取桂陽。桂陽太守趙範派出陳應和鮑隆迎戰，他們哪是趙雲對手，趙範只好開城投降，並且大排筵宴，為了拉攏趙雲，與趙雲結拜為兄弟，又將國色寡嫂許給趙雲為妻。趙雲不為所動，呵斥趙範說：你我既結為兄弟，你嫂子就是我嫂子，怎能有傷風化呢？

第五件事，歸還田宅：西元 212 年，劉備與劉璋決裂，決定奪取益州。213 年，劉備讓諸葛亮等入川支援。趙雲奉命溯江而上，一路平定江州、江陽、犍為等郡。於 214 完成對成都的合圍，劉璋投降。平定益州之後，有人主張將成都的房舍以及桑田分賜給諸將。趙雲引用霍去病的故事，勸諫將田宅歸還百姓，先讓他們安居樂業，然後他們會誠心誠意地服兵役、納稅。劉備採納了趙雲的建議。

第六件事，勸劉備不要伐吳：西元 221 年，關羽和張飛相續遇害，劉備悲痛不已，出兵征討東吳，趙雲直言不諱，勸諫劉備不要伐吳，「兵勢一交，不得卒解」，劉備不聽，於是伐吳沒帶趙雲，留趙雲都督江州。結果被東吳陸遜火燒連營而慘敗，陣亡數萬人，損失兩位重要軍師馬良、程畿，大將張南、傅肜、趙融等也被斬殺。劉備本人也氣火攻心，病故白帝城。

第七件事，箕谷失利不要封賞：西元228年，諸葛亮第一次出兵北伐。諸葛亮安排趙雲、鄧芝做「疑兵」，目的是拖住司馬懿的魏國主力，為蜀軍主力取郿城攻長安爭取時間。所以只帶少量軍隊，從斜谷道出兵，佔據箕谷。一開始的時候，趙雲與曹真在箕谷口對峙。很好地回應了諸葛亮的戰鬥，但是後來馬謖自作主張而丟失街亭，造成趙雲的「疑兵」也被暴露，進而全盤的北伐計畫失敗。幸虧趙雲在箕谷堅守，而撤退時，又親自斷後並燒毀棧道，才使損失降低。諸葛亮賞罰分明，有鑑於趙雲在撤兵過程中的出色指揮，賞賜趙雲及其部將，趙雲說，北伐失利，無顏領賞，還主動要求降級，令諸葛亮大為讚嘆。

透過這幾段故事可以看出，趙雲是一個智勇雙全的人，英勇善戰、光明磊落、穩重善良、顧全大局。

諸如這些，與太陽星情中「熱情、溫和、積極、瀟灑、聰明、善良、親切、和藹、穩重、無心機、心寬、慷慨、善解人意、坦率、忠誠、堅守信義、光明正大、雄辯、威嚴、勇猛、英勇頑強、孝順、顧家、精力充沛、活力十足」是相似的。

太陽星情之二：好勝、逞強、愛面子、苛求、浮躁、無耐性、操勞、招搖。

第一件事：趙雲請求出征：西元228年春，諸葛亮第一次北伐的時候，並沒有把趙雲列入名單，原因有三：一是考慮趙雲年事已高。二是西蜀將才匱乏，趙雲是僅存的五虎上將，算是蜀國的精神支柱一樣。三是劉備臨終前希望趙雲保護劉禪的安全。所以沒有打算讓趙雲出征。但是趙雲說：「當年廉頗尚不服老，我也一樣，願為先鋒。」在第一次北伐時，一開始還是很順利的，在鳳鳴山，曹魏大將韓德父子五人，被趙雲殺死四人，活捉一人。

第二件事，被圍困鳳鳴山：第二天，夏侯楙設下埋伏，誘使趙雲上鉤，趙雲被圍困，心裡說「吾死於此地矣」。危急之際，關興、張苞趕到，殺退夏侯楙，這才救下趙雲。看來，趙雲真的不是長阪坡時候的趙雲了。

第三件事，天水困於姜維：「天水之戰」中姜維識破了諸葛亮的計策，趙雲沒有取下天水郡，在大戰中，趙雲被包圍，和姜維打了幾個回合，力不從心，險些戰敗，趙雲心中大驚「誰想此處有這般人物！」虧得高翔等來接應。說實話，論武功，趙雲是高於姜維的，但是是趙雲老了，不服老不行的。第一次北伐失敗了，第一次北伐回來不久，趙雲就病倒了。西元229年去世。一代名將就此隕落。

透過這段故事可以看出，趙雲是一個好勝、愛面子、不服輸、不服老的人。諸如這些，與太陽星情中「好勝、逞強、愛面子、苛求、浮躁、無耐性、操勞、招搖」是相似的。

劉備曾經說：「子龍一身都是膽也。」姜維曾經說：「雲昔從先帝，勞績既著，經營天下，遵奉法度，功效可書。」

綜上所述，太陽星的代表人物是趙雲。用趙雲比喻太陽星，目的是讓大家想到「趙雲」或者想到那些故事，就知道太陽星的基本星情，便於記憶。

第二章 紫微斗數斷吉凶例題

第二章　紫微斗數斷吉凶例題

本章的講述思路：

第一，本章重點講述斷吉凶的思路，應期不做為重點，但是會在回饋內容中出現。如果想更加詳細的瞭解斷應期的內容，請參閱我的另一本書《紫微斗數斷應期》。

第二，本章只講述婚姻宮、財運宮、事業宮、田宅宮、疾厄宮的斷吉凶方法，其他的宮位就不再講述，因為方法大同小異。如果你需要其他宮位的判斷方法，可以參閱我的另一本書《紫微斗數解析思路及例題》。

第三，講述各個宮位的時候，以各宮單宮為主，兼看三方四正的宮位。

第四，講述時會很詳細的講述每一個星的推演方法，以利於讀者的摸索和效仿。

第五，讀者在閱讀的時候，一定要注意每一個星的實際旺衰，要認真計算。但是我在行文的時候不會把這些書寫進來，因為本章的主旨是在講述斷吉凶的思路。

第六，本章在行文的結構上，會把每一個星的推演單獨列為一行，這樣更加細緻和醒目，以期讀者近距離的看到分析吉凶的方法。

第七，以下所敘述的時間皆為公曆時間（西曆時間）。

例題1

<table>
<tr>
<td>天右陀破
同弼羅碎
廟平陷陷
身宮
長生
官府
指背 84～93 己
白虎 財帛宮 巳</td>
<td>武天祿紅天天咸天
曲府存鸞姚才池德
旺旺廟旺平旺陷旺
祿
沐浴
博士
咸池 94～103 庚
天德 子女宮 午</td>
<td>太太擎寡
陽陰羊宿
得不廟不
冠帶
力士
月煞 104～113 辛
弔客 夫妻宮 未</td>
<td>貪天鈴天天
狼鉞星巫廚
平廟陷
權
臨官
青龍
亡神 114～123 壬
病符 兄弟宮 申</td>
</tr>
<tr>
<td>破八天臺陰龍
軍座使輔煞德
旺旺陷
養
伏兵
天煞 74～83 戊
龍德 疾厄宮 辰</td>
<td colspan="2" rowspan="2">坤造 己 壬 乙 丙 (日空子、丑)
酉 申 卯 戌

甲干 廉貞-太陽 乙干 天機-太陰 丙干 天同-廉貞 丁干 太陰-巨門
戊干 貪狼-天機 己干 武曲-文曲
庚干 太陽-天同 辛干 巨門-文昌 壬干 天梁-武曲 癸干 破軍-貪狼</td>
<td>天巨左地天截天
機門輔劫官空哭
旺廟陷平平廟不
帝旺
小耗
將星 4～13 癸
歲建 命宮 酉</td>
</tr>
<tr>
<td>天天
月虛
廟
胎
大耗
災煞 64～73 丁
歲破 遷移宮 卯</td>
<td>紫天三天
微相臺空
得得旺陷
衰
將軍
攀鞍 14～23 甲
晦氣 父母宮 戌</td>
</tr>
<tr>
<td>廉文天天天天天旬大劫月
貞曲刑貴壽福傷空耗煞德
廟平廟平旺旺平陷陷
忌
絕
病符
劫煞 54～63 丙
小耗 交友宮 寅</td>
<td>火地龍鳳年華
星空池閣解蓋
得陷平平得陷
墓
喜神
華蓋 44～53 丁
官符 官祿宮 丑</td>
<td>七文天天恩封解
殺昌魁喜光誥神
旺得旺旺平 廟
死
飛廉
息神 34～43 丙
貫索 田宅宮 子</td>
<td>天天孤蜚
梁馬辰廉
陷平陷
科
病
奏書
歲驛 24～33 乙
喪門 福德宮 亥</td>
</tr>
</table>

【婚姻吉凶分析】

1、夫妻宮：太陰、太陽、擎羊、寡宿星。

2、太陰、太陽兩個主星，說明：最少結婚兩次，甚至更多。

3、太陰星、太陽星，說明：一個去了、一個來了，來來去去，換人等。

4、寡宿星，說明：會經常的獨守空房。

5、擎羊星，說明：會吵架甚至動手打架，有家暴。很嚴重的、危機四伏的等。

6、太陰、太陽、擎羊星，說明：頻繁的換人，來來去去、分分合合等。

7、太陰、太陽星，說明：會嫁給離異男子。

【婚姻吉凶判斷】

所以，夫妻宮的星情凶，婚姻必然不順利。多婚之命。

【事實情況】

命主在1999年離婚；2002、2003年分分合合；2013年離婚。可見夫妻宮星情凶，造成婚姻不順利、多次離婚。到目前為止，與三個人有過婚姻和感情經歷。

例題2

<table>
<tr>
<td>天左天天封天截破
梁輔福傷誥月空碎
得平旺平　　廟陷
病符　　　　　絕
指背　55 ~ 64　癸
白虎　交友宮　巳</td>
<td>七天火紅天咸天
殺鉞星鸞廚池德
旺　廟旺　陷旺
身宮
大耗　　　　　胎
咸池　65 ~ 74　甲
天德　遷移宮　午</td>
<td>文文三八天寡
昌曲臺座使宿
利旺廟平平不
忌 科
伏兵　　　　　養
月煞　75 ~ 84　乙
弔客　疾厄宮　未</td>
<td>廉陀地恩天解天
貞羅空光貴神巫
廟陷廟平陷不
官府　　　　　長生
亡神　85 ~ 94　丙
病符　財帛宮　申</td>
</tr>
<tr>
<td>紫天龍
微相德
得得
喜神　　　　　墓
天煞　45 ~ 54　壬
龍德　官祿宮　辰</td>
<td colspan="2" rowspan="2">坤造 辛 辛 己 丁 (日空寅、卯)
　　 酉 卯 酉 卯

甲干 廉貞-太陽　乙干 天機-太陰　丙干 天同-廉貞　丁干 太陰-巨門
戊干 貪狼-天機　己干 武曲-文曲
庚干 太陽-天同　辛干 巨門-文昌　壬干 天梁-武曲　癸干 破軍-貪狼</td>
<td>右祿天天臺天
弼存才官輔哭
陷廟旺平　不
博士　　　　　沐浴
將星　95 ~ 104　丁
歲建　子女宮　酉</td>
</tr>
<tr>
<td>天巨天天
機門壽虛
旺廟陷廟
祿
飛廉　　　　　死
災煞　35 ~ 44　辛
歲破　田宅宮　卯</td>
<td>破擎天天
軍羊刑空
旺廟廟陷
力士　　　　　冠帶
攀鞍　105 ~ 114　戊
晦氣　夫妻宮　戌</td>
</tr>
<tr>
<td>貪天地天大劫月
狼魁劫姚耗煞德
平　平旺陷
奏書　　　　　病
劫煞　25 ~ 34　庚
小耗　福德宮　寅</td>
<td>太太鈴龍鳳年華
陽陰星池閣解蓋
不廟得平平得陷
權
將軍　　　　　衰
華蓋　15 ~ 24　辛
官符　父母宮　丑</td>
<td>武天天旬陰
曲府喜空煞
旺廟旺陷
小耗　　　　　帝旺
息神　5 ~ 14　庚
貫索　命 宮　子</td>
<td>天天孤蜚
同馬辰廉
廟平陷
青龍　　　　　臨官
歲驛　115 ~ 124　己
喪門　兄弟宮　亥</td>
</tr>
</table>

【婚姻吉凶分析】

1、夫妻宮破軍、擎羊、天刑、天空星，照紫微、天相、龍德星。
2、破軍星，說明：感情破壞、難以長久、短暫，或者沒有遇到合適的機緣。
3、擎羊星，說明：很嚴重，容易分手、會有爭執矛盾，感情惡劣等。
4、天刑星，說明：感情上有固執的要求、不可妥協、不善於處理感情，矛盾多等。
5、破軍、擎羊星，說明：難以維持、見面就分手、見光死等。
6、破軍、天刑星，說明：對方是離異男子、兩個人感情差，容易離婚或者官司。
7、天刑、擎羊星，說明：對方在公檢法單位，對方莽撞、霸道，兩人感情吵架多。
8、破軍星，照紫微、天相星，說明：沒有離婚，但是對方為二婚。婚姻晚、獨身等。

【婚姻吉凶判斷】

所以，夫妻宮的星情凶，婚姻必然不順利。婚姻難以落定，晚婚。

【事實情況】

命主到 2019 年尚未結婚，以前遇到的男子時間都不長就沒有下文，自己喜歡的卻被分手。不是因為自身條件不好，命主為博士學歷、單位很不錯，長相也好。但是命主對於感情有執念，比如要求對方必須是有錢人，必須對自己好等。可見夫妻宮星情凶惡，造成晚婚和感情不穩定。

例題3

<table>
<tr>
<td>天左祿地地天天孤
梁輔存劫空官月辰
得平廟不廟旺　陷
博士
亡神　46～55　絕 癸
貫索　財帛宮　巳</td>
<td>七擎龍
殺羊池
旺陷不
官府
將星　36～45　墓 甲
官符　子女宮　午</td>
<td>火天天月
星喜貴德
利陷旺
伏兵
攀鞍　26～35　死 乙
小耗　夫妻宮　未</td>
<td>廉天鳳封解天天年
貞馬閣誥神巫虛解
廟旺不　不　廟利
忌
大耗
歲驛　16～25　病 丙
歲破　兄弟宮　申</td>
</tr>
<tr>
<td>紫天文陀天截天
微相昌羅使空哭
得得得廟陷陷平
科
力士
月煞　56～65　胎 壬
喪門　疾厄宮　辰</td>
<td colspan="2" rowspan="2">坤造 丙 辛 乙 壬 (日空申、酉)
　　 寅 卯 亥 午

甲干 廉貞-太陽　乙干 天機-太陰　丙干 天同-廉貞　丁干 太陰-巨門
戊干 貪狼-天機　己干 武曲-文曲
庚干 太陽-天同　辛干 巨門-文昌　壬干 天梁-武曲　癸干 破軍-貪狼</td>
<td>右天鈴破大龍
弼鉞星碎耗德
陷廟得平不
身宮
病符
息神　6～15　衰 丁
龍德　命宮　酉</td>
</tr>
<tr>
<td>天巨三天咸
機門臺空池
旺廟陷平平
權
青龍
咸池　66～75　養 辛
晦氣　遷移宮　卯</td>
<td>破文天旬蜚華
軍曲刑空廉蓋
旺陷廟陷　平
喜神
華蓋　116～125　帝旺 戊
白虎　父母宮　戌</td>
</tr>
<tr>
<td>貪天天
狼姚傷
平旺平
小耗
指背　76～85　長生 庚
歲建　交友宮　寅</td>
<td>太太紅恩寡
陽陰鸞光宿
不廟陷廟平
將軍
天煞　86～95　沐浴 辛
病符　官祿宮　丑</td>
<td>武天天臺天陰
曲府福輔廚煞
旺廟平
奏書
災煞　96～105　冠帶 庚
弔客　田宅宮　子</td>
<td>天天八天天劫天
同魁座才壽煞德
廟旺廟廟旺　平
祿
飛廉
劫煞　106～115　臨官 己
天德　福德宮　亥</td>
</tr>
</table>

【婚姻吉凶分析】

1、夫妻宮火星、天喜、天貴、月德星，照太陰、恩光星，加會天機、巨門星，

2、天喜、月德、太陰、巨門星，說明：夫妻感情有基礎，對方感情豐富等。

3、火星、天機星，說明：臨時性質、隨時的機會等。

4、巨門、火星、天喜星，說明：隨時隨地的浪擲感情。

5、巨門、火星，說明：突然離開、突然出走等。

6、天機、巨門星，說明：不在家，出門等。

【婚姻吉凶判斷】

所以，夫妻宮的星情不吉利，容易有婚外情，或者離異。

【事實情況】

命主丈夫婚內出軌，經常夜不歸宿。於 2013 年離婚。

例題4

<table>
<tr>
<td>太文天紅恩大龍
陽昌鉞鸞光耗德
旺廟旺旺平陷
臨官
飛廉
亡神 12～21 乙
龍德 兄弟宮 巳</td>
<td>破火地天天天
軍星空刑福月
廟廟廟平平
冠帶
奏書
將星 2～11 丙
白虎 命 宮 午</td>
<td>天封寡天
機誥宿德
陷 不廟
沐浴
將軍
攀鞍 112～121 丁
天德 父母宮 未</td>
<td>紫天鈴天天天陰
微府星馬巫哭煞
旺得陷旺 廟
權
長生
小耗
歲驛 102～111 戊
弔客 福德宮 申</td>
</tr>
<tr>
<td>武地天解天
曲劫才神虛
廟陷陷廟陷
忌
身宮
帝旺
喜神
月煞 22～31 甲
歲破 夫妻宮 辰</td>
<td colspan="2" rowspan="2">坤造 壬 辛 乙 辛（日空子、丑）
戌 亥 卯 巳

甲干 廉貞-太陽 乙干 天機-太陰 丙干 天同-廉貞 丁干 太陰-巨門
戊干 貪狼-天機 己干 武曲-文曲
庚干 太陽-天同 辛干 巨門-文昌 壬干 天梁-武曲 癸干 破軍-貪狼</td>
<td>太文天天
陰曲貴廚
旺廟廟
養
青龍
息神 92～101 己
病符 田宅宮 酉</td>
</tr>
<tr>
<td>天天截咸月
同魁空池德
平廟平平
衰
病符
咸池 32～41 癸
小耗 子女宮 卯</td>
<td>貪陀天天華
狼羅姚官蓋
廟廟廟平平
胎
力士
華蓋 82～91 庚
歲建 官祿宮 戌</td>
</tr>
<tr>
<td>七三龍天
殺臺池壽
廟平平旺
病
大耗
指背 42～51 壬
官符 財帛宮 寅</td>
<td>天左右天破
梁輔弼使碎
旺廟廟陷陷
祿科
死
伏兵
天煞 52～61 癸
貫索 疾厄宮 丑</td>
<td>廉天擎八鳳旬蜚年
貞相羊座閣空廉解
平廟陷陷廟陷 廟
墓
官府
災煞 62～71 壬
喪門 遷移宮 子</td>
<td>巨祿天天臺天孤劫
門存喜傷輔空辰煞
旺廟旺旺 平陷
絕
博士
劫煞 72～81 辛
晦氣 交友宮 亥</td>
</tr>
</table>

【婚姻吉凶分析】

1、夫妻宮武曲化忌、地劫、解神、天虛星，照貪狼、陀羅、天姚星，加會天相、紫微星。
2、武曲化忌、貪狼星，說明：會有吵架、感情時好時壞等。
3、武曲化忌、天虛、解神星，說明：感情淡化，但是也能解決。
4、貪狼、陀羅、天姚星，說明：夫妻生活還較滿意。
5、武曲化忌、天相、紫微星，說明：互相留面子，顧及面子、能自我控制等。
6、武曲化忌、貪狼、陀羅星，說明：溝通不暢，不能很好的溝通、冷戰等。

【婚姻吉凶判斷】

所以，夫妻宮的星情較差，容易有夫妻矛盾和爭執，但是，只要努力溝通還是可以存續的。夫妻生活較滿意。多注意溝通方式和方法。

【事實情況】

命主在，2011 年矛盾多，2014 年也發生很多事，丈夫有出軌行為，但是最後和解了，沒有離婚，一直到 2019 年婚姻和感情尚在。

例題 5

<table>
<tr>
<td>天天劫天
梁壽煞德
得平　旺

大耗
劫煞　25～34　絕 辛
天德　福德宮　巳</td>
<td>七八恩天天解陰
殺座光貴福神煞
旺旺廟廟平廟

伏兵
災煞　35～44　胎 壬
弔客　田宅宮　午</td>
<td>天陀鈴紅天截寡
鉞羅星鸞刑空宿
旺廟利陷陷廟不

官府
天煞　45～54　養 癸
病符　官祿宮　未</td>
<td>廉祿地三天
貞存劫臺傷
廟廟廟旺平

博士
指背　55～64　長生 甲
歲建　交友宮　申</td>
</tr>
<tr>
<td>紫天蜚華
微相廉蓋
得得　廟

病符
華蓋　15～24　墓 庚
白虎　父母宮　辰</td>
<td colspan="2" rowspan="2">乾造 庚　戊　壬　己 (日空戌、亥)
　　 申　子　申　酉

甲干 廉貞-太陽　乙干 天機-太陰　丙干 天同-廉貞　丁干 太陰-巨門
戊干 貪狼-天機　己干 武曲-文曲
庚干 太陽-天同　辛干 巨門-文昌　壬干 天梁-武曲　癸干 破軍-貪狼</td>
<td>擎天咸破
羊空池碎
陷旺平平
身宮
力士
咸池　65～74　沐浴 乙
晦氣　遷移宮　酉</td>
</tr>
<tr>
<td>天巨臺大龍
機門輔耗德
旺廟　不

喜神
息神　5～14　死 己
龍德　命 宮　卯</td>
<td>破天天天
軍使月哭
旺陷　平

青龍
月煞　75～84　冠帶 丙
喪門　疾厄宮　戌</td>
</tr>
<tr>
<td>貪左地天鳳天天天年
狼輔空馬閣巫廚虛解
平廟陷旺廟　　旺廟

飛廉
歲驛　115～124　病 戊
歲破　兄弟宮　寅</td>
<td>太太文文天天月
陽陰昌曲魁喜德
不廟廟廟旺陷
祿科
奏書
攀鞍　105～114　衰 己
小耗　夫妻宮　丑</td>
<td>武天右龍旬
曲府弼池空
旺廟廟旺陷
權
將軍
將星　95～104　帝旺 戊
官符　子女宮　子</td>
<td>天火天天天封孤
同星姚才官誥辰
廟利陷廟旺　陷
忌
小耗
亡神　85～94　臨官 丁
貫索　財帛宮　亥</td>
</tr>
</table>

【婚姻吉凶分析】

1、夫妻宮太陽化祿、太陰化科、文曲、文昌、天魁、天喜、月德星。

2、太陰化科、文曲、文昌、天魁、天喜、月德星，說明：妻子是多情多慾之人，結婚證書不只一份，多次婚姻等。

3、太陰化科、文曲、文昌星，說明：妻子浪漫、羅曼蒂克，善於幻想、有文學才華等。

4、太陽化祿、太陰化科，說明：一來一去、換人，二婚等。

5、太陰化科、天魁星，說明：經濟上妻子沒有拖累自己。

6、太陽、太陰、月德星，說明：出行了，離開了、跟人跑了等。

【婚姻吉凶判斷】

所以，夫妻宮的星情不吉利，容易有夫妻離異、對方出軌偷情。

【事實情況】

命主 2019 年老婆跟人跑了，同年離婚。

例題 6

<table>
<tr>
<td>天陀天
梁羅馬
得陷平
科
身宮
長生
力士
歲驛　44～53　己
弔客　財帛宮　巳</td>
<td>七文祿封解
殺昌存誥神
旺陷廟　廟
養
博士
息神　34～43　庚
病符　子女宮　午</td>
<td>擎地華
羊空蓋
廟平陷
胎
官府
華蓋　24～33　辛
歲建　夫妻宮　未</td>
<td>廉文天紅天天天孤劫
貞曲鉞鸞刑廚空辰煞
廟得廟廟陷　旺平
忌
絕
伏兵
劫煞　14～23　壬
晦氣　兄弟宮　申</td>
</tr>
<tr>
<td>紫天天天寡陰天
微相才使宿煞德
得得陷陷陷　廟
沐浴
青龍
攀鞍　54～63　戊
天德　疾厄宮　辰</td>
<td colspan="2" rowspan="2">乾造　庚　戊　庚　庚（日空寅、卯）
　　　申　寅　戌　辰

甲干　廉貞-太陽　乙干　天機-太陰　丙干　天同-廉貞　丁干　太陰-巨門
戊干　貪狼-天機　己干　武曲-文曲
庚干　太陽-天同　辛干　巨門-文昌　壬干　天梁-武曲　癸干　破軍-貪狼</td>
<td>天截
官空
平廟
墓
大耗
災煞　4～13　癸
喪門　命宮　酉</td>
</tr>
<tr>
<td>天巨左地八天鳳蜚年
機門輔劫座貴閣廉解
旺廟陷平平旺旺　廟
冠帶
小耗
將星　64～73　丁
白虎　遷移宮　卯</td>
<td>破臺
軍輔
旺
死
病符
天煞　114～123　甲
貫索　父母宮　戌</td>
</tr>
<tr>
<td>貪鈴天天天天龍
狼星喜福傷月德
平廟廟旺平
權
臨官
將軍
亡神　74～83　丙
龍德　交友宮　寅</td>
<td>太太火恩天破
陽陰星光虛碎
不廟得廟廟陷
帝旺
奏書
月煞　84～93　丁
歲破　官祿宮　丑</td>
<td>武天天天天旬咸大月
曲府魁姚壽空池耗德
旺廟旺陷平陷陷旺
祿
衰
飛廉
咸池　94～103　丙
小耗　田宅宮　子</td>
<td>天右三龍天天
同弼臺池巫哭
廟平平旺　平
病
喜神
指背　104～113　乙
官符　福德宮　亥</td>
</tr>
</table>

【婚姻吉凶分析】

1、夫妻宮擎羊、地空、華蓋星，照太陰、恩光、天虛星，加會天機、巨門星。
2、擎羊、地空星，說明：夫妻吵架、打架而感情淡薄、對妻子兇悍、霸道。
3、擎羊、太陰、天虛星，說明：妻子不善理財，花錢較多等。
4、太陰、恩光星，說明：有感情基礎。
5、擎羊、巨門、天機星，說明：打架而造成分居或者出走等。
6、擎羊、巨門、天機、太陰、天虛星，說明：打架造成夫妻分居或者離異。

【婚姻吉凶判斷】

所以，夫妻宮的星情凶惡，容易有夫妻離異、對方出現意外事故，或者被打跑等。

【事實情況】

命主2018年吵架、分居半年，2019年大吵、分居、鬧離婚。

例題7

<table>
<tr>
<td>天天天天截破
刑福使巫空碎
陷旺平 廟陷

病符 病
指背 73～82 癸
白虎 疾厄宮 巳</td>
<td>天天紅臺天咸天
機鉞鸞輔廚池德
廟 旺 陷旺

大耗 死
咸池 83～92 甲
天德 財帛宮 午</td>
<td>紫破三八天天寡
微軍臺座才壽宿
廟旺廟平平旺不

伏兵 墓
月煞 93～102 乙
弔客 子女宮 未</td>
<td>陀
羅
陷

官府 絕
亡神 103～112 丙
病符 夫妻宮 申</td>
</tr>
<tr>
<td>太文恩解龍
陽曲光神德
旺得廟廟
權科

喜神 衰
天煞 63～72 壬
龍德 遷移宮 辰</td>
<td colspan="2" rowspan="2">坤造 辛 戊 戊 壬 (日空戌、亥)
酉 戌 辰 子

甲干 廉貞-太陽 乙干 天機-太陰 丙干 天同-廉貞 丁干 太陰-巨門
戊干 貪狼-天機 己干 武曲-文曲
庚干 太陽-天同 辛干 巨門-文昌 壬干 天梁-武曲 癸干 破軍-貪狼</td>
<td>天祿天天天
府存姚官哭
旺廟廟平不

博士 胎
將星 113～122 丁
歲建 兄弟宮 酉</td>
</tr>
<tr>
<td>武七火天天
曲殺星傷虛
利旺利陷廟

飛廉 帝旺
災煞 53～62 辛
歲破 交友宮 卯</td>
<td>太文擎鈴天天陰
陰昌羊星貴空煞
旺陷廟廟旺陷
忌
身宮
力士 養
攀鞍 3～12 戊
晦氣 命宮 戌</td>
</tr>
<tr>
<td>天天右天封天大劫月
同梁弼魁誥月耗煞德
利廟旺 陷

奏書 臨官
劫煞 43～52 庚
小耗 官祿宮 寅</td>
<td>天龍鳳年華
相池閣解蓋
廟平平得陷

將軍 冠帶
華蓋 33～42 辛
官符 田宅宮 丑</td>
<td>巨左天旬
門輔喜空
旺旺旺陷
祿

小耗 沐浴
息神 23～32 庚
貫索 福德宮 子</td>
<td>廉貪地地天孤蜚
貞狼劫空馬辰廉
陷陷 陷平陷

青龍 長生
歲驛 13～22 己
喪門 父母宮 亥</td>
</tr>
</table>

【婚姻吉凶分析】

1、夫妻宮陀羅星，照天梁、右弼、天魁星、封誥、天月、月德、劫殺星。

2、天梁星、劫殺、封誥星，說明：對方倔強、溝通不暢等。

3、右弼、天魁星、月德星，說明：會有貴人幫助調解，能緩和夫妻感情。

4、天梁、右弼、天魁星、天月、月德星，說明：丈夫因為工作常常出門月餘乃歸。

5、天梁、右弼、天魁星，說明：會有良好的溝通，不容易離婚。

【婚姻吉凶判斷】

所以，夫妻宮的星情較好，有夫妻矛盾也會努力解決，能有效溝通，不會離婚。

【事實情況】

命主和丈夫有時候因為教育孩子的事而吵架，也有因為丈夫不顧家吵架，但是沒有離婚。命主丈夫為軍官，不常在家。

例題8

<table>
<tr>
<td>天文陀鳳天年
機昌羅閣巫解
平廟陷廟　旺
官府　長生
指背　84～93　己
歲建　財帛宮　巳</td>
<td>紫祿地天咸
微存空空池
廟廟廟廟陷
博士　沐浴
咸池　94～103　庚
晦氣　子女宮　午</td>
<td>擎封蜚
羊誥廉
廟
身宮
力士　冠帶
月煞　104～113　辛
喪門　夫妻宮　未</td>
<td>破天火解天孤
軍鉞星神廚辰
得廟陷不　平
青龍　臨官
亡神　114～123　壬
貫索　兄弟宮　申</td>
</tr>
<tr>
<td>七左地天天寡
殺輔劫喜使宿
廟廟陷陷陷陷
伏兵　養
天煞　74～83　戊
病符　疾厄宮　辰</td>
<td colspan="2" rowspan="2">坤造　己　丙　丙　癸 (日空子、丑)
　　　巳　寅　辰　巳

甲干　廉貞-太陽　乙干　天機-太陰　丙干　天同-廉貞　丁干　太陰-巨門
戊干　貪狼-天機　己干　武曲-文曲
庚干　太陽-天同　辛干　巨門-文昌　壬干　天梁-武曲　癸干　破軍-貪狼</td>
<td>文天龍天截破
曲刑池官空碎
廟廟廟平廟平
忌
小耗　帝旺
將星　4～13　癸
官符　命宮　酉</td>
</tr>
<tr>
<td>太天鈴八天
陽梁星座貴
廟廟利平旺
科
大耗　胎
災煞　64～73　丁
弔客　遷移宮　卯</td>
<td>廉天右紅天旬大月
貞府弼鸞月空耗德
利廟廟陷　陷平
將軍　衰
攀鞍　14～23　甲
小耗　父母宮　戌</td>
</tr>
<tr>
<td>武天天天天陰劫天
曲相才福傷煞煞德
得廟廟旺平　　平
祿
病符　絕
劫煞　54～63　丙
天德　交友宮　寅</td>
<td>天巨天天華
同門姚哭蓋
不不平廟陷
喜神　墓
華蓋　44～53　丁
白虎　官祿宮　丑</td>
<td>貪天天龍
狼魁壽德
旺旺平
權
飛廉　死
息神　34～43　丙
龍德　田宅宮　子</td>
<td>太天三恩臺天
陰馬臺光輔虛
廟平平不　平
奏書　病
歲驛　24～33　乙
歲破　福德宮　亥</td>
</tr>
</table>

【婚姻吉凶分析】

1、夫妻宮擎羊、封誥、蜚蠊星，合紫微、祿存、天空、地空星，加會太陽、天梁化科。

2、擎羊、封誥、蜚蠊星，說明：夫妻吵架、冷戰、無法溝通、是非多。

3、擎羊、太陽、天梁化科、紫微星，說明：丈夫很強、不服管，無法磨合等。

4、紫微、祿存、天空、地空星，說明：夫妻因為經濟等因素吵架多。

5、太陽、天梁星，說明：會有夫妻分居的經歷，或者因為工作異地。

6、祿存、地空、天空、封誥星，說明：感情在爭執和矛盾中逐漸淡薄。

【婚姻吉凶判斷】

所以，夫妻宮的星情較差，夫妻無法溝通，多是非爭執、分居等。但是一般不會離婚。

【事實情況】命主和丈夫因為工作關係分居兩地，從 2017 年結婚就沒有和睦過，吵架、分居，也說離婚，還因為父母把結婚造成的債務推給他們加劇了矛盾，在 2018 年比較嚴重，但是一直到 2020 年也沒有離婚，育有一女。

例題 9

太祿天天天孤劫 陽存喜傷空辰煞 旺廟廟平廟陷 博士 長生 劫煞 74~83 丁 晦氣 交友宮 巳	破擎鳳臺解天蜚陰年 軍羊閣輔神廚廉煞解 廟陷平 廟 廟 官府 養 災煞 64~73 戊 喪門 遷移宮 午	天天天三八天 機鉞刑臺座使 陷旺陷廟平平 忌 伏兵 胎 天煞 54~63 己 貫索 疾厄宮 未	紫天天龍 微府貴池 旺得陷平 大耗 絕 指背 44~53 庚 官符 財帛宮 申
武文陀天天華 曲曲羅才壽蓋 廟得廟陷廟廟 力士 沐浴 華蓋 84~93 丙 歲建 官祿宮 辰	坤造 戊 癸 乙 丙(日空辰、巳) 辰 亥 未 子 甲干 廉貞-太陽 乙干 天機-太陰 丙干 天同-廉貞 丁干 太陰-巨門 戊干 貪狼-天機 己干 武曲-文曲 庚干 太陽-天同 辛干 巨門-文昌 壬干 天梁-武曲 癸干 破軍-貪狼		太咸月 陰池德 旺平 權 病符 墓 咸池 34~43 辛 小耗 子女宮 酉
天天天 同官福 平旺平 青龍 冠帶 息神 94~103 乙 病符 田宅宮 卯			貪文鈴天旬天 狼昌星月空虛 廟陷廟 陷陷 祿 喜神 死 月煞 24~33 壬 歲破 夫妻宮 戌
七左火天恩封天天 殺輔星馬光誥巫哭 廟廟廟旺平 平 小耗 臨官 歲驛 104~113 甲 弔客 福德宮 寅	天天寡破天 梁魁宿碎德 旺旺平陷廟 將軍 帝旺 攀鞍 114~123 乙 天德 父母宮 丑	廉天右截 貞相弼空 平廟廟陷 科 身宮 奏書 衰 將星 4~13 甲 白虎 命宮 子	巨地地紅天大龍 門劫空鸞姚耗德 旺 陷廟陷陷 飛廉 病 亡神 14~23 癸 龍德 兄弟宮 亥

【婚姻吉凶分析】

1、夫妻宮貪狼、文昌、鈴星、天月、旬空、天虛星，照武曲、陀羅星，加會破軍星。
2、貪狼、旬空、天虛、文昌星，說明：丈夫不是好色之人。
3、貪狼、天月、旬空、鈴星、天虛、破軍星，說明：丈夫男科有疾病。
4、貪狼、武曲星，說明：丈夫家裡經濟上富裕。
5、天月、旬空、天虛、陀羅、鈴星、破軍星，說明：丈夫的疾病是先天的或者慢性的。
6、貪狼、武曲、破軍、鈴星，說明：丈夫會動手打人，夫妻矛盾嚴重。
7、貪狼、鈴星、文昌、破軍星，說明：夫妻之間毫無情趣，沒有感情。

【婚姻吉凶判斷】

所以，夫妻宮的星情很差，夫妻容易打架、毫無情趣、一般不會離婚。

【事實情況】命主的丈夫有先天男科疾病，但是家境優越，婚後使用試管嬰兒技術生了兩個女孩，丈夫和父母都是重男輕女的思想，夫妻感情惡化，矛盾不斷升級，打架以致於警察出面制止的程度。2018 年分居了，並且起訴離婚。

例題 10

<table>
<tr>
<td>紫七天地地天天天天
微殺鉞劫空馬福巫虛
旺平旺不廟平旺　旺

奏書　　　　　病
歲驛　93～102　丁
歲破　子女宮　巳</td>
<td>恩天龍
光官德
廟廟

飛廉　　　　　死
息神　103～112　戊
龍德　夫妻宮　午</td>
<td>三八天天天華
臺座才壽哭蓋
廟平平旺平陷

喜神　　　　　墓
華蓋　113～122　己
白虎　兄弟宮　未</td>
<td>封解劫天
誥神煞德
　不　平

身宮
病符　　　　　絕
劫煞　3～12　庚
天德　命宮　申</td>
</tr>
<tr>
<td>天天左文鈴紅大月
機梁輔昌星鸞耗德
利廟廟得陷廟平

將軍　　　　　衰
攀鞍　83～92　丙
小耗　財帛宮　辰</td>
<td colspan="2" rowspan="2">坤造　癸　甲　乙　壬(日空申、酉)
　　　亥　寅　亥　午

甲干　廉貞-太陽　乙干　天機-太陰　丙干　天同-廉貞　丁干　太陰-巨門
戊干　貪狼-天機　己干　武曲-文曲
庚干　太陽-天同　辛干　巨門-文昌　壬干　天梁-武曲　癸干　破軍-貪狼</td>
<td>廉破天破
貞軍刑碎
平陷廟平
祿

大耗　　　　　胎
災煞　13～22　辛
弔客　父母宮　酉</td>
</tr>
<tr>
<td>天天火龍天
相魁星池使
陷廟利廟平

小耗　　　　　帝旺
將星　73～82　乙
官符　疾厄宮　卯</td>
<td>右文天天寡
弼曲喜月宿
廟陷陷　陷

伏兵　　　　　養
天煞　23～32　壬
病符　福德宮　戌</td>
</tr>
<tr>
<td>太巨孤陰
陽門辰煞
旺廟平
權

青龍　　　　　臨官
亡神　63～72　甲
貫索　遷移宮　寅</td>
<td>武貪擎天天截蜚
曲狼羊姚傷空廉
廟廟廟平平不
忌

力士　　　　　冠帶
月煞　53～62　乙
喪門　交友宮　丑</td>
<td>天太祿天臺旬天咸
同陰存貴輔空空池
旺廟廟廟　陷陷陷
科

博士　　　　　沐浴
咸池　43～52　甲
晦氣　官祿宮　子</td>
<td>天陀鳳天年
府羅閣廚解
得陷旺　得

官府　　　　　長生
指背　33～42　癸
歲建　田宅宮　亥</td>
</tr>
</table>

【婚姻吉凶分析】

1、夫妻宮恩光、天官、龍德星，照天同、太陰化科、祿存、天貴星。
2、恩光、天官、龍德、天貴星，說明：夫妻之間還是有感情的，丈夫有較好的事業。
3、太陰化科、祿存星，說明：丈夫的經濟條件較好。
4、恩光、太陰化科、祿存星，說明：丈夫或者本人感情豐富，不善於掌控感情。
5、天同、太陰化科，說明：丈夫容易出軌，或者自己也會有婚外情。
6、恩光、天官、龍德星，天同、太陰化科、天貴星，說明：兩份結婚證書，必會離婚。

【婚姻吉凶判斷】

所以，夫妻宮的星情較差，夫妻之間有感情基礎。但是夫妻容易有婚外情、出軌等。一般不會離婚。

【事實情況】命主結婚後的第二年就發現丈夫有出軌行為，但是命主心軟，原諒了他，然後一起經歷了一些生活的坎坷，一直到 2019 年仍然發現丈夫出軌，並且還欠債等，才果斷離婚。

例題1

<table>
<tr>
<td>天陀鳳天年
梁羅閣使解
得陷廟平旺
科
絕
力士
指背 56～65 己
歲建 疾厄宮 巳</td>
<td>七祿天天咸
殺存貴空池
旺廟廟廟陷
身宮
墓
博士
咸池 46～55 庚
晦氣 財帛宮 午</td>
<td>擎天蜚
羊姚廉
廟旺
死
官府
月煞 36～45 辛
喪門 子女宮 未</td>
<td>廉天鈴天孤
貞鉞星廚辰
廟廟陷 平
病
伏兵
亡神 26～35 壬
貫索 夫妻宮 申</td>
</tr>
<tr>
<td>紫天右天恩臺寡
微相弼喜光輔宿
得得廟陷廟 陷
胎
青龍
天煞 66～75 戊
病符 遷移宮 辰</td>
<td colspan="2" rowspan="2">乾造 己 壬 辛 戊 (日空寅、卯)
巳 申 亥 戌

甲干 廉貞-太陽 乙干 天機-太陰 丙干 天同-廉貞 丁干 太陰-巨門
戊干 貪狼-天機 己干 武曲-文曲
庚干 太陽-天同 辛干 巨門-文昌 壬干 天梁-武曲 癸干 破軍-貪狼</td>
<td>地龍天截破
劫池官空碎
平廟平廟平
衰
大耗
將星 16～25 癸
官符 兄弟宮 酉</td>
</tr>
<tr>
<td>天巨天三天天
機門刑臺才傷
旺廟廟陷旺陷
養
小耗
災煞 76～85 丁
弔客 交友宮 卯</td>
<td>破左紅旬大月
軍輔鸞空耗德
旺廟陷陷平
帝旺
病符
攀鞍 6～15 甲
小耗 命 宮 戌</td>
</tr>
<tr>
<td>貪文天解天陰劫天
狼曲福神巫煞煞德
平平旺廟 平
權忌
長生
將軍
劫煞 86～95 丙
天德 官祿宮 寅</td>
<td>太太火地天華
陽陰星空哭蓋
不廟得陷廟陷
沐浴
奏書
華蓋 96～105 丁
白虎 田宅宮 丑</td>
<td>武天文天封龍
曲府昌魁誥德
旺廟得旺
祿
冠帶
飛廉
息神 106～115 丙
龍德 福德宮 子</td>
<td>天天八天天天
同馬座壽月虛
廟平廟旺 平
臨官
喜神
歲驛 116～125 乙
歲破 父母宮 亥</td>
</tr>
</table>

【官運吉凶分析】

1、命宮破軍、左輔、月德星，照紫微、恩光、右弼、台輔星。

2、紫微、恩光、右弼、台輔、左輔星，說明：可以進入職能部門，做管理性質工作等。

3、官祿宮貪狼化權、文曲化忌、天福、天巫、劫煞、陰煞、天德星，照廉貞、天鉞星。

4、破軍、左輔、右弼星，說明：仕途坎坷，難有大的突破。

5、貪狼化權、天福、天巫、天德、廉貞、天鉞星，說明：能做管理性質工作，執掌權力、制訂制度等。

6、文曲化忌、劫煞、陰煞星，說明：官運和事業上競爭大、會有不良的口碑，難有重要職務和崗位。

【官運吉凶判斷】

所以，命宮和官祿宮星情吉凶參半，會有機會進入政府部門，但是地位一般，難有突破。

【事實情況】命主研究生學歷、2016年考上公務員，進入政府部門工作。

例題 2

武破陀天天天 曲軍羅馬刑巫 平平陷平陷 祿 臨官 力士 82～91 己 歲驛 弔客 官祿宮 巳	太祿火天 陽存星傷 旺廟廟陷 冠帶 博士 72～81 庚 息神 病符 交友宮 午	天擎鈴華 府羊星蓋 廟廟利陷 身宮 沐浴 官府 62～71 辛 華蓋 歲建 遷移宮 未	天太天地紅天天天天孤劫 機陰鉞劫鸞才使廚空辰煞 得利廟廟廟廟平　旺平 長生 伏兵 52～61 壬 劫煞 晦氣 疾厄宮 申
天三恩天解寡天 同臺光貴神宿德 平廟廟旺廟陷廟 帝旺 青龍 92～101 戊 攀鞍 天德 田宅宮 辰	乾造 己 甲 丁 己(日空申、酉) 未 戌 丑 酉		紫貪天天截 微狼姚官空 旺利廟平廟 權 養 大耗 42～51 癸 災煞 喪門 財帛宮 酉
鳳臺蜚年 閣輔廉解 旺　廟 衰 小耗 102～111 丁 將星 白虎 福德宮 卯	甲干 廉貞-太陽 乙干 天機-太陰 丙干 天同-廉貞 丁干 太陰-巨門 戊干 貪狼-天機 己干 武曲-文曲 庚干 太陽-天同 辛干 巨門-文昌 壬干 天梁-武曲 癸干 破軍-貪狼		巨八陰 門座煞 陷平 胎 病符 32～41 甲 天煞 貫索 子女宮 戌
右地天天天天龍 弼空喜壽福月德 旺陷廟旺旺 病 將軍 112～121 丙 亡神 龍德 父母宮 寅	廉七文文天破 貞殺昌曲虛碎 利廟廟廟廟陷 忌 死 奏書 2～11 丁 月煞 歲破 命宮 丑	天左天旬咸大月 梁輔魁空池耗德 廟旺旺陷陷旺 科 墓 飛廉 12～21 丙 咸池 小耗 兄弟宮 子	天龍封天 相池誥哭 得旺　平 絕 喜神 22～31 乙 指背 官符 夫妻宮 亥

【官運吉凶分析】

1、命宮廉貞、七殺、文昌、文曲、天虛星，照天府、擎羊、鈴星。

2、七殺、文昌、文曲、天府星，說明：會有職務和地位，有威風、威嚴等。

3、廉貞、七殺、天虛、擎羊、鈴星，說明：仕途坎坷，會有阻礙和危險。

4、官祿宮武曲化祿、破軍、天馬、天巫星，照天相、龍池、封誥星。

5、武曲化祿、天馬、天巫、天相、龍池、封誥星，說明：會有職稱、走馬上任等機會，會有升遷通知等。

6、破軍、天馬、天相、封誥星，說明：會有停滯不前、不光彩的情況。

【官運吉凶判斷】

所以，命宮和官祿宮星情吉凶參半，會是公職人員但是仕途不暢，多阻逆障礙。地位也不高，基層管理者。

【事實情況】命主為公職，三十歲之前事業確實不太順。2009年事業好轉。2018年有升遷。

例題 3

<table>
<tr>
<td>天陀天天天天
相羅馬刑傷巫
得陷平陷平
力士 臨官
歲驛 72～81 己
弔客 交友宮 巳</td>
<td>天祿
梁存
廟廟
科
博士 冠帶
息神 62～71 庚
病符 遷移宮 午</td>
<td>廉七擎火天天華
貞殺羊星才使蓋
利廟廟利平平陷
官府 沐浴
華蓋 52～61 辛
歲建 疾厄宮 未</td>
<td>天鈴紅天副天孤劫
鉞星鸞廚截空辰煞
廟陷廟　廟旺平
身宮
伏兵 長生
劫煞 42～51 壬
晦氣 財帛宮 申</td>
</tr>
<tr>
<td>巨天臺解寡天
門貴輔神宿德
陷旺　廟陷廟
青龍 帝旺
攀鞍 82～91 戊
天德 官祿宮 辰</td>
<td colspan="2" rowspan="2">乾造 己 乙 戊 壬 (日空午、未)
未 亥 子 戌

甲干 廉貞-太陽 乙干 天機-太陰 丙干 天同-廉貞 丁干 太陰-巨門
戊干 貪狼-天機 己干 武曲-文曲
庚干 太陽-天同 辛干 巨門-文昌 壬干 天梁-武曲 癸干 破軍-貪狼</td>
<td>地天天截
劫姚官空
平廟平廟
大耗 養
災煞 32～41 癸
喪門 子女宮 酉</td>
</tr>
<tr>
<td>紫貪三鳳天蜚年
微狼臺閣壽廉解
旺利陷旺陷　廟
權
小耗 衰
將星 92～101 丁
白虎 田宅宮 卯</td>
<td>天陰
同煞
平
病符 胎
天煞 22～31 甲
貫索 夫妻宮 戌</td>
</tr>
<tr>
<td>天太右文天恩天天龍
機陰弼曲喜光福月德
得旺旺平廟平旺
忌
將軍 病
亡神 102～111 丙
龍德 福德宮 寅</td>
<td>天地旬天破
府空空虛碎
廟陷平廟陷
奏書 死
月煞 112～121 丁
歲破 父母宮 丑</td>
<td>太左文天封副咸大月
陽輔昌魁誥旬池耗德
陷旺得旺　陷陷旺
飛廉 墓
咸池 2～11 丙
小耗 命 宮 子</td>
<td>武破八龍天
曲軍座池哭
平平廟旺平
祿
喜神 絕
指背 12～21 乙
官符 兄弟宮 亥</td>
</tr>
</table>

【官運吉凶分析】

1、命宮太陽陷落、左輔、文昌、天魁、封誥、月德星，照天梁化科、祿存星。

2、左輔、文昌、天魁、封誥、月德、天梁化科，說明：能進入國有單位工作、有管理才幹、有才華等。

3、左輔、文昌、天魁、封誥、月德、天梁化科、祿存星，說明：是食俸祿之人，公職。

4、太陽陷落、左輔、封誥星，說明：地位不高，做副職或者輔佐性質工作。

5、官祿宮巨門陷落、天貴、天德、台輔、解神星。

6、巨門、天貴、天德、台輔星，說明：有地位、入公門等。

7、巨門陷落、解神星，說明：地位不高，或者基層管理者。

【官運吉凶判斷】

所以，命宮和官祿宮星情較好，會有體面的工作，能做政府單位的管理者。但是地位普通。

【事實情況】命主為大學本科學歷，在大型國企工作，2012年升遷做科長。

例題 4

<table>
<tr>
<td>鈴破
星碎
得陷

小耗　病
亡神　13～22　辛
病符　兄弟宮　巳</td>
<td>天文天截
機曲福空
廟陷平廟

青龍　衰
將星　3～12　壬
歲建　命宮　午</td>
<td>紫破天陀天副天
微軍鉞羅姚截空
廟旺旺廟旺廟陷

力士　帝旺
攀鞍　113～122　癸
晦氣　父母宮　未</td>
<td>文祿天臺孤
昌存馬輔辰
得廟旺　平

博士　臨官
歲驛　103～112　甲
喪門　福德宮　申</td>
</tr>
<tr>
<td>太右鳳天封寡年
陽弼閣壽誥宿解
旺廟陷廟　陷廟
祿

將軍　死
月煞　23～32　庚
弔客　夫妻宮　辰</td>
<td colspan="2" rowspan="2">坤造　庚　甲　甲　丙（日空申、酉）
　　　午　申　戌　寅

甲干　廉貞-太陽　乙干　天機-太陰　丙干　天同-廉貞　丁干　太陰-巨門
戊干　貪狼-天機　己干　武曲-文曲
庚干　太陽-天同　辛干　巨門-文昌　壬干　天梁-武曲　癸干　破軍-貪狼</td>
<td>天擎地紅
府羊空鸞
旺陷廟旺

官府　冠帶
息神　93～102　乙
貫索　田宅宮　酉</td>
</tr>
<tr>
<td>武七火天天三咸天
曲殺星喜刑臺池德
利旺利旺廟陷平平
權

奏書　墓
咸池　33～42　己
天德　子女宮　卯</td>
<td>太左天龍旬華
陰輔貴池空蓋
旺廟旺陷陷平
科
身宮

伏兵　沐浴
華蓋　83～92　丙
官符　官祿宮　戌</td>
</tr>
<tr>
<td>天天解天天蜚陰
同梁神巫廚廉煞
利廟廟
忌

飛廉　絕
指背　43～52　戊
白虎　財帛宮　寅</td>
<td>天天地天大龍
相魁劫使耗德
廟旺陷陷平

喜神　胎
天煞　53～62　己
龍德　疾厄宮　丑</td>
<td>巨恩天天天
門光才哭虛
旺平旺平陷

病符　養
災煞　63～72　戊
歲破　遷移宮　子</td>
<td>廉貪八天天天副劫月
貞狼座官傷月旬煞德
陷陷廟旺旺　平

大耗　長生
劫煞　73～82　丁
小耗　交友宮　亥</td>
</tr>
</table>

【官運吉凶分析】

1、命宮天機、文曲、截空、天福星，照巨門、天才星，加會天梁、解神、天巫、天廚、蜚蠊、陰煞星，太陰化科、左輔、天貴星。

2、天機、文曲、天福、巨門、天才、解神、天廚星，太陰化科、左輔星，說明：做技術性工作，文職，或者財務、金融等工作，有才華有才能。

3、巨門、天梁、天巫、天廚星，太陰化科、左輔、天貴星，說明：能進入事業單位或者國有單位，做管理性質工作等。

4、截空、天福、天才、解神、天廚、蜚蠊、陰煞、太陰化科、左輔星，說明：虛職或者沒實權的工種。

5、官祿宮太陰化科、左輔、天貴星，照太陽化祿、右弼星，加會天機星。

6、太陰化科、左輔、天貴、太陽化祿、右弼星，說明：國有部門或者事業單位、財務、金融性質工作。

7、太陰化科、左輔、右弼星，天機星，說明：財務、文藝、文職等性質工作。

【官運吉凶判斷】

所以，命宮和官祿宮星情較好，能進入事業單位或者政府部門工作，做文員或者財務性質工種，沒有實權。

【事實情況】命主是公職人員，在機關單位做財務工作。

例題 5

天祿地地劫天 相存劫空煞德 得廟不廟　旺 身宮 博士　　　　絕 劫煞　5～14　丁 天德　命宮　巳	天擎天天天天 梁羊刑貴廚月 廟陷平廟 力士　　　　胎 災煞　15～24　戊 弔客　父母宮　午	廉七天紅寡 貞殺鉞鸞宿 利廟旺陷不 青龍　　　　養 天煞　25～34　己 病符　福德宮　未	火封天陰 星誥巫煞 陷 小耗　　　　長生 指背　35～44　庚 歲建　田宅宮　申
巨文陀鈴八解蜚華 門昌羅星座神廉蓋 陷得廟陷旺廟　廟 官府　　　　墓 華蓋　115～124　丙 白虎　兄弟宮　辰	乾造 戊 甲 乙 壬 (日空子、丑) 　　 申 子 卯 午 甲干 廉貞-太陽　乙干 天機-太陰　丙干 天同-廉貞　丁干 太陰-巨門 戊干 貪狼-天機　己干 武曲-文曲 庚干 太陽-天同　辛干 巨門-文昌　壬干 天梁-武曲　癸干 破軍-貪狼		天咸破 空池碎 旺平平 將軍　　　　沐浴 咸池　45～54　辛 晦氣　官祿宮　酉
紫貪天天副大龍 微狼官福旬耗德 旺利旺平平不 祿 伏兵　　　　死 息神　105～114　乙 龍德　夫妻宮　卯			天文天三天天 同曲姚臺傷哭 平陷廟旺平平 奏書　　　　冠帶 月煞　55～64　壬 喪門　交友宮　戌
天太天鳳旬天年 機陰馬閣空虛解 得旺旺廟陷旺廟 忌 權 大耗　　　　病 歲驛　95～104　甲 歲破　子女宮　寅	天左右天天天天副月 府輔弼魁喜才壽截德 廟廟廟旺陷平廟不 科 病符　　　　衰 攀鞍　85～94　乙 小耗　財帛宮　丑	太恩龍天臺截 陽光池使輔空 陷平旺陷　陷 喜神　　　　帝旺 將星　75～84　甲 官符　疾厄宮　子	武破孤 曲軍辰 平平陷 飛廉　　　　臨官 亡神　65～74　癸 貫索　遷移宮　亥

【官運吉凶分析】

1、命宮天相、祿存、地劫、劫煞、地空、天德星。

2、天相、天德、祿存星，說明：做輔佐性質工作、食俸祿等。

3、祿存、地劫、劫煞、地空星，說明：工資不高、積蓄較少、破費較多等。

4、官祿宮天空、咸池、破碎星，照紫微、貪狼、天官、龍德星。

5、紫微、貪狼、天官、龍德星，說明：事業單位或者國企等、做管理性質工作。

6、天空、咸池、破碎、紫微、貪狼星，說明：事業上多挫折，會有停滯或下降的情況。

7、天空、破碎、紫微星，說明：不在體制內，不是公務員。

【官運吉凶判斷】

所以，命宮和官祿宮星情較差，難有很大權力，虛職副職或者在國企，事業單位非體制內等。官場坎坷不順利。

【事實情況】 命主大專文化，正科級職稱，在事業單位但是不是公務員。十年之間起起落落的，2011 年升副科，2013 年降成科員，2016 年又升職副科。

例題 6

<table>
<tr>
<td>廉貪天天截天
貞狼馬福空虛
陷陷平旺廟旺

將軍　　　　病
歲驛　93～102　癸
歲破　田宅宮　巳</td>
<td>巨天解天陰龍
門鉞神廚煞德
旺　廟
祿

小耗　　　　衰
息神　83～92　甲
龍德　官祿宮　午</td>
<td>天火天天天華
相星刑傷哭蓋
得利陷陷平陷

青龍　　　　帝旺
華蓋　73～82　乙
白虎　交友宮　未</td>
<td>天天陀鈴劫天
同梁羅星煞德
旺陷陷陷　平

力士　　　　臨官
劫煞　63～72　丙
天德　遷移宮　申</td>
</tr>
<tr>
<td>太紅臺副大月
陰鸞輔截耗德
陷廟　陷平

奏書　　　　死
攀鞍　103～112　壬
小耗　福德宮　辰</td>
<td colspan="2" rowspan="2">乾造 辛 庚 戊 壬 (日空申、酉)
　　 亥 子 寅 戌

甲干 廉貞-太陽　乙干 天機-太陰　丙干 天同-廉貞　丁干 太陰-巨門
戊干 貪狼-天機　己干 武曲-文曲
庚干 太陽-天同　辛干 巨門-文昌　壬干 天梁-武曲　癸干 破軍-貪狼</td>
<td>武七祿地天天天破
曲殺存劫壽官使碎
利旺廟平平平陷平

博士　　　　冠帶
災煞　53～62　丁
弔客　疾厄宮　酉</td>
</tr>
<tr>
<td>天三龍旬
府臺池空
得陷廟平

飛廉　　　　墓
將星　113～122　辛
官符　父母宮　卯</td>
<td>太擎天天寡
陽羊喜月宿
不廟陷　陷
權
身宮
官府　　　　沐浴
天煞　43～52　戊
病符　財帛宮　戌</td>
</tr>
<tr>
<td>左文天天天副孤
輔曲魁貴巫旬辰
廟平　平　陷平
科

喜神　　　　絕
亡神　3～12　庚
貫索　命宮　寅</td>
<td>紫破地天蜚
微軍空才廉
廟旺陷平

病符　　　　胎
月煞　13～22　辛
喪門　兄弟宮　丑</td>
<td>天右文恩封天咸
機弼昌光誥空池
廟廟得平　陷陷
忌

大耗　　　　養
咸池　23～32　庚
晦氣　夫妻宮　子</td>
<td>天八鳳年
姚座閣解
陷廟旺得

伏兵　　　　長生
指背　33～42　己
歲建　子女宮　亥</td>
</tr>
</table>

【官運吉凶分析】

1、命宮左輔、文曲化科、天魁、天貴、天巫星，照天同星。

2、左輔、文曲化科、天魁、天貴、天巫、天同星，說明：工作在文化、文藝、教育機構或單位。

3、官祿宮巨門化祿、天鉞、天廚、龍德、陰煞、解神星，照天機、右弼、封誥、文昌星。

4、巨門化祿、天鉞、天廚、龍德、右弼、封誥、文昌星，說明：入公門，在事業單位，或者文化、文藝藝術部門等。

5、巨門化祿、解神、天機、封誥、文昌，說明：是文化或者藝術單位、教育單位。

【官運吉凶判斷】

所以，命宮和官祿宮星情較好，會在事業單位或者文化單位，大單位，做文化、福利、藝術類型的工作。

【事實情況】命主為大學教授，副處級職稱。

例題7

<table>
<tr>
<td>武破文恩天截破
曲軍昌光福空碎
平平廟平旺廟陷
忌
將星
指背　103~112　病
白虎　福德宮　癸巳</td>
<td>太天地紅天咸天
陽鉞空鸞廚池德
旺　廟旺　陷旺
權
小耗
咸池　93~102　衰
天德　田宅宮　甲午</td>
<td>天天封寡
府姚誥宿
廟旺　不
青龍
月煞　83~92　帝旺
弔客　官祿宮　乙未</td>
<td>天太陀火天
機陰羅星傷
得利陷陷平
力士
亡神　73~82　臨官
病符　交友宮　丙申</td>
</tr>
<tr>
<td>天右地副龍
同弼劫截德
平廟陷陷
奏書
天煞　113~122　死
龍德　父母宮　壬辰</td>
<td colspan="2" rowspan="2">乾造　辛　丙　乙　辛 (日空申、酉)
　　　酉　申　亥　巳

甲干 廉貞-太陽　乙干 天機-太陰　丙干 天同-廉貞　丁干 太陰-巨門
戊干 貪狼-天機　己干 武曲-文曲
庚干 太陽-天同　辛干 巨門-文昌　壬干 天梁-武曲　癸干 破軍-貪狼</td>
<td>紫貪文祿天天天
微狼曲存貴官哭
旺利廟廟廟平不
科
博士
將星　63~72　冠帶
歲建　遷移宮　丁酉</td>
</tr>
<tr>
<td>鈴天八天
星刑座虛
利廟平廟
飛廉
災煞　3~12　墓
歲破　命宮　辛卯</td>
<td>巨左擎天天天
門輔羊壽使空
陷廟廟廟陷陷
祿
官府
攀鞍　53~62　沐浴
晦氣　疾厄宮　戊戌</td>
</tr>
<tr>
<td>天解天陰大劫月
魁神巫煞耗煞德
廟　陷
喜神
劫煞　13~22　絕
小耗　兄弟宮　庚寅</td>
<td>廉七龍鳳旬年華
貞殺池閣空解蓋
利廟平平平得陷
身宮
病符
華蓋　23~32　胎
官符　夫妻宮　辛丑</td>
<td>天天天副
梁喜才旬
廟旺旺陷
大耗
息神　33~42　養
貫索　子女宮　庚子</td>
<td>天天三臺天孤蜚
相馬臺輔月辰廉
得平平　陷
伏兵
歲驛　43~52　長生
喪門　財帛宮　己亥</td>
</tr>
</table>

【官運吉凶分析】

1、命宮鈴星、天刑、八座、天虛星，照紫微、文曲化科、祿存、天貴星。
2、鈴星、天刑、八座、紫微、文曲化科，說明：容易有官司、牢獄之災等。
3、官祿宮天府、天姚、封誥、寡宿星，照七殺星。
4、鈴星、天刑、紫微、文曲化科、祿存星，說明：容易因為合約、文章、賄賂等發生官司牢獄之災。
5、天府、封誥、寡宿、七殺星，說明：封閉的管制單位，沉悶孤獨的地方，容易有官司或者牢獄之災。
6、天府、天姚、封誥、七殺星，說明：容易因為色情、男女關係、財務等事情發生官司或者牢獄之災。

【官運吉凶判斷】

所以，命宮和官祿宮凶惡，會有牢獄之災或者嚴重的官司引發牢獄之災。

【事實情況】命主2014年發生牢獄之災，判了10年。

例題8

<table>
<tr>
<td>天祿八天臺破
梁存座傷輔碎
得廟廟平　陷
長生
博士
亡神　54～63　丁
病符　交友宮　巳</td>
<td>七擎天恩天天天
殺羊刑光才廚月
旺陷平廟旺
沐浴
力士
將星　64～73　戊
歲建　遷移宮　午</td>
<td>天天天
鉞使空
旺平陷
冠帶
青龍
攀鞍　74～83　己
晦氣　疾厄宮　未</td>
<td>廉天天孤陰
貞馬巫辰煞
廟旺　平
臨官
小耗
歲驛　84～93　庚
喪門　財帛宮　申</td>
</tr>
<tr>
<td>紫天陀鳳天解寡年
微相羅閣壽神宿解
得得廟陷廟廟陷廟
養
官府
月煞　44～53　丙
弔客　官祿宮　辰</td>
<td colspan="2" rowspan="2">乾造　戊　癸　丁　辛（日空午、未）
　　　午　亥　亥　亥

甲干　廉貞-太陽　乙干　天機-太陰　丙干　天同-廉貞　丁干　太陰-巨門
戊干　貪狼-天機　己干　武曲-文曲
庚干　太陽-天同　辛干　巨門-文昌　壬干　天梁-武曲　癸干　破軍-貪狼</td>
<td>紅三
鸞臺
旺廟
帝旺
將軍
息神　94～103　辛
貫索　子女宮　酉</td>
</tr>
<tr>
<td>天巨文天天天咸天
機門曲喜官福池德
旺廟旺旺旺平平平
忌
胎
伏兵
咸池　34～43　乙
天德　田宅宮　卯</td>
<td>破地天天龍華
軍劫姚貴池蓋
旺平廟旺陷平
身宮
衰
奏書
華蓋　104～113　壬
官符　夫妻宮　戌</td>
</tr>
<tr>
<td>貪鈴蜚
狼星廉
平廟
祿
絕
大耗
指背　24～33　甲
白虎　福德宮　寅</td>
<td>太太左右天封副副大龍
陽陰輔弼魁誥截旬耗德
不廟廟廟旺　不平平
權　科
墓
病符
天煞　14～23　乙
龍德　父母宮　丑</td>
<td>武天火地截旬天天
曲府星空空空哭虛
旺廟陷平陷陷平陷
死
喜神
災煞　4～13　甲
歲破　命　宮　子</td>
<td>天文劫月
同昌煞德
廟利
病
飛廉
劫煞　114～123　癸
小耗　兄弟宮　亥</td>
</tr>
</table>

【官運吉凶分析】

1、命宮武曲、天府、火星、地空、截空、旬空、天哭、天虛星，照七殺、天刑、恩光星。

2、地空、截空、旬空、天哭、天虛星，說明：缺乏、匱乏、沒有固定來源。

3、武曲、天府、火星，說明：透過非法途徑獲得錢財。

4、火星、七殺、天刑星，說明：受到懲罰，牢獄之災等。

5、官祿宮紫微、天相、陀羅、解神、年解、鳳閣、寡宿星，照破軍、天姚、天貴星。

6、紫微、陀羅、鳳閣、寡宿、破軍星，說明戴手銬、羈押、非法、犯法等。

7、天相、解神、年解、破軍、天姚星，說明：破壞衣服，揭開表面的東西、去除偽裝等。

【官運吉凶判斷】

所以，命宮和官祿宮的星情凶惡，容易有牢獄之災、官司等情況。

【事實情況】命主是一個小偷，2006年盜竊被判八年，2016年又犯案被判刑。

例題 9

天天三劫天 府鉞臺煞德 得旺平 旺 飛廉 臨官 劫煞 16~25 乙 天德 父母宮 巳	天太天天解 同陰壽福神 陷不平平廟 喜神 帝旺 災煞 26~35 丙 弔客 福德宮 午	武貪鈴紅寡 曲狼星鸞宿 廟廟利陷不 忌 病符 衰 天煞 36~45 丁 病符 田宅宮 未	太巨地天 陽門劫刑 得廟廟陷 大耗 病 指背 46~55 戊 歲建 官祿宮 申
蜚陰華 廉煞蓋 廟 奏書 冠帶 華蓋 6~15 甲 白虎 命宮 辰	乾造 壬 壬 丙 丁 (日空申、酉) 甲 子 子 酉		天八天天天咸破 相座傷廚空池碎 陷廟平 旺平平 伏兵 死 咸池 56~65 己 晦氣 交友宮 酉
廉破左天臺副大龍 貞軍輔魁輔截耗德 平陷陷廟 平不 科 將軍 沐浴 息神 116~125 癸 龍德 兄弟宮 卯	甲干 廉貞-太陽 乙干 天機-太陰 丙干 天同-廉貞 丁干 太陰-巨門 戊干 貪狼-天機 己干 武曲-文曲 庚干 太陽-天同 辛干 巨門-文昌 壬干 天梁-武曲 癸干 破軍-貪狼		天天陀天旬天 機梁羅官空哭 利廟廟平陷平 祿 身宮 官府 墓 月煞 66~75 庚 喪門 遷移宮 戌
地天恩天鳳天截天年 空馬光貴閣月空虛解 陷旺平平廟 陷旺廟 小耗 長生 歲驛 106~115 壬 歲破 夫妻宮 寅	文文天月 昌曲喜德 廟廟陷 青龍 養 攀鞍 96~105 癸 小耗 子女宮 丑	擎天龍天 羊姚池才 陷陷旺旺 力士 胎 將星 86~95 壬 官符 財帛宮 子	紫七右祿火天封天副孤 微殺弼存星使誥巫旬辰 旺平平廟利旺 平陷 權 博士 絕 亡神 76~85 辛 貫索 疾厄宮 亥

【官運吉凶分析】

1、命宮蜚蠊、陰煞、華蓋星，照天梁化祿、陀羅星。

2、蜚蠊、陰煞、華蓋星，說明：孤僻、陰險、多是非糾紛。

3、天梁化祿、陀羅星，說明：糾結、孤傲、容易涉及法律問題。

4、官祿宮太陽、巨門、地劫、天刑星。

5、太陽、巨門星，說明：來來去去，事業不穩定，多出行等。

6、巨門、地劫星，說明：衝動魯莽、地獄魔鬼之門。

7、太陽、巨門、地劫、天刑星，說明：衝動逾越法律之門、進入法律危險區等。

【官運吉凶判斷】

所以，命宮和官祿宮星情差，容易有是非官司，甚至牢獄之災。

【事實情況】

2008年打架傷人而入獄，判十年。

例題 10

<table>
<tr>
<td>巨恩副破劫月
門光旬碎煞德
旺平廟陷

大耗　　　　長生
劫煞　14～23　辛
小耗　父母宮　巳</td>
<td>廉天文火天封截天天
貞相昌星福誥空哭虛
平廟陷廟平　廟陷平

伏兵　　　　沐浴
災煞　24～33　壬
歲破　福德宮　午</td>
<td>天天陀地天天副大龍
梁鉞羅空姚貴截耗德
旺旺廟平旺旺廟平

官府　　　　冠帶
天煞　34～43　癸
龍德　田宅宮　未</td>
<td>七文祿蜚
殺曲存廉
廟得廟

博士　　　　臨官
指背　44～53　甲
白虎　官祿宮　申</td>
</tr>
<tr>
<td>貪右八龍天旬華
狼弼座池才空蓋
廟廟旺廟陷陷廟

病符　　　　養
華蓋　4～13　庚
官符　命宮　辰</td>
<td colspan="2" rowspan="2">乾造　庚　甲　甲　戊 (日空辰、巳)
　　　子　申　午　辰

甲干 廉貞-太陽　乙干 天機-太陰　丙干 天同-廉貞　丁干 太陰-巨門
戊干 貪狼-天機　己干 武曲-文曲
庚干 太陽-天同　辛干 巨門-文昌　壬干 天梁-武曲　癸干 破軍-貪狼</td>
<td>天擎天天咸天
同羊喜傷池德
平陷廟平平不
[忌]

力士　　　　帝旺
咸池　54～63　乙
天德　交友宮　酉</td>
</tr>
<tr>
<td>太地紅天
陰劫鸞刑
陷平廟廟
[科]

喜神　　　　胎
息神　114～123　己
貫索　兄弟宮　卯</td>
<td>武左三鳳蜚寡年
曲輔臺閣輔宿解
廟廟旺廟　陷廟
[權]

青龍　　　　衰
月煞　64～73　丙
弔客　遷移宮　戌</td>
</tr>
<tr>
<td>紫天鈴天解天天孤陰
微府星馬神巫廚辰煞
旺廟廟旺廟　　平

飛廉　　　　絕
歲驛　104～113　戊
喪門　夫妻宮　寅</td>
<td>天天天
機魁空
陷旺平

奏書　　　　墓
攀鞍　94～103　己
晦氣　子女宮　丑</td>
<td>破天
軍壽
廟平
身宮

將軍　　　　死
將星　84～93　戊
歲建　財帛宮　子</td>
<td>太天天天
陽官使月
陷旺旺
[祿]

小耗　　　　病
亡神　74～83　丁
病符　疾厄宮　亥</td>
</tr>
</table>

【官運吉凶分析】

1、官祿宮七殺、文曲、祿存、蜚蠊星，照紫微、天府、鈴星、天馬、天廚星。

2、七殺、文曲、祿存、紫微、天府、天馬星，說明：有名氣、有公職，做管理等。

3、祿存、紫微、天府、天廚星，說明，食俸祿，有工作等。

4、七殺、文曲、蜚蠊、紫微、天府、鈴星，說明：有官司、是非、牢獄之災等。

5、財帛宮破軍、天壽星，照天相、火星、封誥星。加會貪狼、七殺星。

6、破軍、天相、火星、封誥星，說明：大破財、罰款單、受處罰等。

7、破軍、七殺、貪狼星，說明：大起大落、破財是非，多轉折變化等。

【官運吉凶判斷】

所以，官祿宮和財帛宮吉凶參半，一生多姿多彩，有公職、有威名、做管理，但是財富累積不大，也會有官司是非。

【事實情況】命主軍人出生、做過公安，後轉入國企做廠長。2012年因為經濟問題被逮捕，判刑兩年多。

第三節 斷財運吉凶例題

例題 1

<table>
<tr>
<td>天文天天截破
機昌才福空碎
平廟廟旺廟陷
忌
將星
指背 36～45 絕
白虎 子女宮 癸巳</td>
<td>紫天地紅八解天咸天
微鉞空鸞座神廚池德
廟　廟旺旺廟　陷旺
身宮
小耗 墓
咸池 26～35 甲
天德 夫妻宮 午</td>
<td>封寡
誥宿
　不
青龍 死
月煞 16～25 乙
弔客 兄弟宮 未</td>
<td>破陀火天三
軍羅星刑臺
得陷陷陷旺
力士 病
亡神 6～15 丙
病符 命 宮 申</td>
</tr>
<tr>
<td>七地副陰龍
殺劫截煞德
廟陷陷
奏書 胎
天煞 46～55 壬
龍德 財帛宮 辰</td>
<td colspan="2" rowspan="2">乾造 辛 辛 丁 乙(日空寅、卯)
　　 酉 丑 未 巳

甲干 廉貞-太陽 乙干 天機-太陰 丙干 天同-廉貞 丁干 太陰-巨門
戊干 貪狼-天機 己干 武曲-文曲
庚干 太陽-天同 辛干 巨門-文昌 壬干 天梁-武曲 癸干 破軍-貪狼</td>
<td>文祿恩天天
曲存光官哭
廟廟陷平不
科
博士 衰
將星 116～125 丁
歲建 父母宮 酉</td>
</tr>
<tr>
<td>太天左鈴天天天
陽梁輔星壽使虛
廟廟陷利陷平廟
權
飛廉 養
災煞 56～65 辛
歲破 疾厄宮 卯</td>
<td>廉天擎天
貞府羊空
利廟廟陷
官府 帝旺
攀鞍 106～115 戊
晦氣 福德宮 戌</td>
</tr>
<tr>
<td>武天天天大劫月
曲相魁月耗煞德
得廟　　陷
喜神 長生
劫煞 66～75 庚
小耗 遷移宮 寅</td>
<td>天巨天龍鳳天旬年華
同門貴池閣傷空解蓋
不不旺平平平平得陷
祿
病符 沐浴
華蓋 76～85 辛
官符 交友宮 丑</td>
<td>貪天天副
狼喜姚旬
旺旺陷陷
大耗 冠帶
息神 86～95 庚
貫索 官祿宮 子</td>
<td>太右天蠹天孤蜚
陰弼馬輔巫辰廉
廟平平　　陷
伏兵 臨官
歲驛 96～105 己
喪門 田宅宮 亥</td>
</tr>
</table>

【財運吉凶分析】

1、財帛宮七殺、地劫、龍德、陰煞星，照天府、擎羊星。

2、七殺、地劫、陰煞、擎羊星，說明：求財方式是遊走在法律邊緣的。

3、七殺、龍德、天府星，說明：能在財運上獲得很大收穫，有名氣。

4、天府、擎羊星，說明：爆發爆破的財運狀態。

【財運吉凶判斷】

所以，財帛宮星情凶，難以有長久的大宗積蓄，爆發爆破的財運狀態。

【事實情況】

命主 2012 年做偏門生意，發財千萬。2014 年被朋友騙了幾百萬元。之後做實體生意。

例題 2

<table>
<tr>
<td>太天天天天對天
陰鉞馬才福誥虛
陷旺平廟旺　旺
科
喜神　　絕
歲驛　16～25　丁
歲破　兄弟宮　巳</td>
<td>貪天龍
狼官德
旺廟
忌
飛廉　　墓
息神　6～15　戊
龍德　命宮　午</td>
<td>天巨文文三八天天華
同門昌曲臺座月哭蓋
不不利旺廟平　平陷
權
奏書　　死
華蓋　116～125　己
白虎　父母宮　未</td>
<td>武天地天劫天
曲相空姚煞德
得廟廟陷　平
將軍　　病
劫煞　106～115　庚
天德　福德宮　申</td>
</tr>
<tr>
<td>廉天紅天大月
貞府鸞刑耗德
利廟廟平平
病符　　胎
攀鞍　26～35　丙
小耗　夫妻宮　辰</td>
<td colspan="2" rowspan="2">乾造　癸　辛　丙　辛 (日空寅、卯)
　　　亥　酉　午　卯

甲干 廉貞-太陽　乙干 天機-太陰　丙干 天同-廉貞　丁干 太陰-巨門
戊干 貪狼-天機　己干 武曲-文曲
庚干 太陽-天同　辛干 巨門-文昌　壬干 天梁-武曲　癸干 破軍-貪狼</td>
<td>太天臺破
陽梁輔碎
平得　平
小耗　　衰
災煞　96～105　辛
弔客　田宅宮　酉</td>
</tr>
<tr>
<td>右天龍
弼魁池
陷廟廟
大耗　　養
將星　36～45　乙
官符　子女宮　卯</td>
<td>七天寡
殺喜宿
廟陷陷
青龍　　帝旺
天煞　86～95　壬
病符　官祿宮　戌</td>
</tr>
<tr>
<td>破地恩天解孤
軍劫光貴神辰
得平平平廟平
祿
伏兵　　長生
亡神　46～55　甲
貫索　財帛宮　寅</td>
<td>擎鈴天截旬蜚
羊星使空空廉
廟得陷不平
官府　　沐浴
月煞　56～65　乙
喪門　疾厄宮　丑</td>
<td>紫祿火副副天咸陰
微存星截旬空池煞
平廟陷陷陷陷陷
身宮
博士　　冠帶
咸池　66～75　甲
晦氣　遷移宮　子</td>
<td>天左陀鳳天天天天年
機輔羅閣壽傷巫廚解
平不陷旺旺旺　　得
力士　　臨官
指背　76～85　癸
歲建　交友宮　亥</td>
</tr>
</table>

【財運吉凶分析】

1、財帛宮破軍化祿、地劫、恩光、天貴、解神、孤辰星，照武曲、天相、地空、劫煞星。

2、破軍化祿、解神、武曲星，說明：經過努力可以解決財運問題，能有收穫。

3、破軍化祿、恩光、天貴、解神、武曲、天相星，說明：經過努力生活有所改善。

4、破軍化祿、地劫、解神、孤辰星，說明：破費多、所剩無幾。

5、武曲、天相、地空、劫煞星，說明：財來財去，難以積蓄。

6、破軍化祿、地劫、恩光、天貴、解神、武曲、天相星，說明：先做一些費力氣的工作，然後做生意。

【財運吉凶判斷】

所以，財帛宮星情半吉半凶，財來財去，努力以後生活品質提高。

【事實情況】

農村出生，高中文化，先是打零工，後來經商，2013 年、2014 年收穫較好，生活改善。2016 年業務量減少收入不好。

例題 3

<table>
<tr>
<td>武破天劫天
曲軍才煞德
平平廟　旺
權
大耗　　　　絕
劫煞　82～91　辛
天德　財帛宮　巳</td>
<td>太文天天天截
陽曲刑福月空
旺陷平平　廟
祿
伏兵　　　　胎
災煞　92～101　壬
弔客　子女宮　午</td>
<td>天天陀紅副寡
府鉞羅鸞截宿
廟旺廟陷廟不
官府　　　　養
天煞　102～111　癸
病符　夫妻宮　未</td>
<td>天太文祿天臺天陰
機陰昌存貴輔巫煞
得利得廟陷
科
博士　　　　長生
指背　112～121　甲
歲建　兄弟宮　申</td>
</tr>
<tr>
<td>天火三天封解蜚華
同星臺使誥神廉蓋
平陷廟陷　廟　廟
忌
病符　　　　墓
華蓋　72～81　庚
白虎　疾厄宮　辰</td>
<td colspan="2" rowspan="2">乾造　庚　丁　庚　戊 (日空辰、巳)
　　　申　亥　子　寅

甲干 廉貞-太陽　乙干 天機-太陰　丙干 天同-廉貞　丁干 太陰-巨門
戊干 貪狼-天機　己干 武曲-文曲
庚干 太陽-天同　辛干 巨門-文昌　壬干 天梁-武曲　癸干 破軍-貪狼</td>
<td>紫貪擎地天天咸破
微狼羊空壽空池碎
旺利陷廟平旺平平
力士　　　　沐浴
咸池　2～11　乙
晦氣　命宮　酉</td>
</tr>
<tr>
<td>大龍
耗德
不
喜神　　　　死
息神　62～71　己
龍德　遷移宮　卯</td>
<td>巨天八恩天
門姚座光哭
陷廟平廟平
青龍　　　　冠帶
月煞　12～21　丙
喪門　父母宮　戌</td>
</tr>
<tr>
<td>天鳳天天天年
馬閣傷廚虛解
旺廟平　旺廟
飛廉　　　　病
歲驛　52～61　戊
歲破　交友宮　寅</td>
<td>廉七左右天地天副月
貞殺輔弼魁劫喜旬德
利廟廟廟旺陷陷平
身宮
奏書　　　　衰
攀鞍　42～51　己
小耗　官祿宮　丑</td>
<td>天鈴龍旬
梁星池空
廟陷旺陷
將軍　　　　帝旺
將星　32～41　戊
官符　田宅宮　子</td>
<td>天天孤
相官辰
得旺陷
小耗　　　　臨官
亡神　22～31　丁
貫索　福德宮　亥</td>
</tr>
</table>

【財運吉凶分析】

1、財帛宮武曲化權、破軍、天才、劫煞、天德星，照天相、天官星。

2、武曲化權、破軍星，說明：投資、花耗、破費、不聚財。

3、天才、天德星，說明：靠自己的人脈和誠信經營事業。

4、破軍、劫煞星，說明：破財了，花錢，投資失敗等。

5、武曲化權、破軍、天才、天相、天官星，說明：開店、創業、投資等。

6、武曲化權、破軍、天相星，說明：改善生活任重道遠。

【財運吉凶判斷】

所以，財帛宮星情差，財運較差，不適合有大的投資，受別人幫助，但是最好能腳踏實地的做事。

【事實情況】命主做過物業，後來借錢投資開店，房租都掙不來，競爭太大，2016年把小店轉讓了，開店失敗而欠債，然後又去打工了。

例題 4

<table>
<tr>
<td>天祿鈴天天天副孤
相存星官傷巫截辰
得廟得旺平　廟陷

絕
博士
亡神　55～64　癸
貫索　交友宮　巳</td>
<td>天文擎龍天
梁曲羊池壽
廟陷陷不平

胎
力士
將星　65～74　甲
官符　遷移宮　午</td>
<td>廉七天天月
貞殺喜使德
利廟陷平
忌
養
青龍
攀鞍　75～84　乙
小耗　疾厄宮　未</td>
<td>文天鳳臺解天年
昌馬閣輔神虛解
得旺不　不廟利
科
長生
小耗
歲驛　85～94　丙
歲破　財帛宮　申</td>
</tr>
<tr>
<td>巨左陀恩封截天
門輔羅光誥空哭
陷廟廟廟　陷平

身宮
墓
官府
月煞　45～54　壬
喪門　官祿宮　辰</td>
<td colspan="2" rowspan="2">乾造　丙　庚　乙　戊 (日空寅、卯)
　　　寅　寅　巳　寅

甲干　廉貞-太陽　乙干　天機-太陰　丙干　天同-廉貞　丁干　太陰-巨門
戊干　貪狼-天機　己干　武曲-文曲
庚干　太陽-天同　辛干　巨門-文昌　壬干　天梁-武曲　癸干　破軍-貪狼</td>
<td>天地天破大龍
鉞空刑碎耗德
廟廟廟平不

沐浴
將軍
息神　95～104　丁
龍德　子女宮　酉</td>
</tr>
<tr>
<td>紫貪火天咸
微狼星空池
旺利利平平

死
伏兵
咸池　35～44　辛
晦氣　田宅宮　卯</td>
<td>天右天旬蜚華
同弼月空廉蓋
平廟　陷　平
祿
冠帶
奏書
華蓋　105～114　戊
白虎　夫妻宮　戌</td>
</tr>
<tr>
<td>天太天天陰
機陰貴才煞
得旺平廟
權
病
大耗
指背　25～34　庚
歲建　福德宮　寅</td>
<td>天地紅天三八寡
府劫鸞姚臺座宿
廟陷陷平廟廟平

衰
病符
天煞　15～24　辛
病符　父母宮　丑</td>
<td>太天天
陽福廚
陷平

帝旺
喜神
災煞　5～14　庚
弔客　命宮　子</td>
<td>武破天副劫天
曲軍魁旬煞德
平平旺平　平

臨官
飛廉
劫煞　115～124　己
天德　兄弟宮　亥</td>
</tr>
</table>

【財運吉凶分析】

1、財帛宮文昌化科、天馬、鳳閣、台輔、天虛、解神星，照天機化權、太陰、天才、陰煞星。

2、文昌化科、鳳閣、太陰、天才星，說明：求財的方式是文化藝術類型的，有才華。

3、天馬、鳳閣、台輔星，說明：工作比較自由，時而出行時而在屋子裡。

4、文昌化科、天虛、解神星、天機化權、太陰、天才、陰煞星，說明：求財需要設備，是一種虛擬形式的文藝、需要暗室或者避光、有虛名。

5、文昌化科、天馬、太陰、天才星，說明：出作品速度相對較快。

【財運吉凶判斷】

所以，財帛宮星情較好，可以做輕鬆自由的、藝術性質文化性質的工作。財運較好但是不太穩定。

【事實情況】

命主是一位職業攝影師，家境小康，後來轉到拍視頻。

例題 5

<table>
<tr>
<td>廉貪左天三龍天天天
貞狼輔鉞臺池福月哭
陷陷平旺平陷旺　不
忌
奏書　　絕
指背　22～31　丁
官符　福德宮　巳</td>
<td>巨天臺咸大月
門官輔池耗德
旺廟　陷旺
權
飛廉　　胎
咸池　32～41　戊
小耗　田宅宮　午</td>
<td>天天
相虛
得陷
喜神　　養
月煞　42～51　己
歲破　官祿宮　未</td>
<td>天天天天解天龍
同梁喜傷神巫德
旺陷旺平不
病符　　長生
亡神　52～61　庚
龍德　交友宮　申</td>
</tr>
<tr>
<td>太文天天
陰曲才壽
陷得陷廟
科
將軍　　墓
天煞　12～21　丙
貫索　父母宮　辰</td>
<td colspan="2" rowspan="2">坤造　癸　乙　甲　甲（日空戌、亥）
　　　丑　卯　子　子

甲干　廉貞-太陽　乙干　天機-太陰　丙干　天同-廉貞　丁干　太陰-巨門
戊干　貪狼-天機　己干　武曲-文曲
庚干　太陽-天同　辛干　巨門-文昌　壬干　天梁-武曲　癸干　破軍-貪狼</td>
<td>武七右八恩鳳蜚年
曲殺弼座光閣廉解
利旺陷廟陷廟　旺
大耗　　沐浴
將星　62～71　辛
白虎　遷移宮　酉</td>
</tr>
<tr>
<td>天天火天旬
府魁星貴空
得廟利旺平
身宮
小耗　　死
災煞　2～11　乙
喪門　命宮　卯</td>
<td>太文鈴天天寡天
陽昌星刑使宿德
不陷廟廟陷陷廟
伏兵　　冠帶
攀鞍　72～81　壬
天德　疾厄宮　戌</td>
</tr>
<tr>
<td>紅天封副天孤劫
鸞姚誥旬空辰煞
旺旺　陷陷平
青龍　　病
劫煞　112～121　甲
晦氣　兄弟宮　寅</td>
<td>紫破擎截破華
微軍羊空碎蓋
廟旺廟不陷陷
祿
力士　　衰
華蓋　102～111　乙
歲建　夫妻宮　丑</td>
<td>天祿副陰
機存截煞
廟廟陷
博士　　帝旺
息神　92～101　甲
病符　子女宮　子</td>
<td>陀地地天天
羅劫空馬廚
陷　陷平
官府　　臨官
歲驛　82～91　癸
弔客　財帛宮　亥</td>
</tr>
</table>

【財運吉凶分析】

1、財帛宮陀羅、地劫、地空、天馬、天廚星。

2、陀羅、天馬星，說明：財運累積速度慢、徐徐而來或者持續而去。

3、地劫、地空星，說明：難以累積很大財富，容易破財耗財。

4、陀羅、地劫、地空星，說明：持續的破財，沒有隔夜糧。

5、地劫、地空、天廚星，說明：最嚴重的時候吃飯都成問題，財務赤字、欠債。

【財運吉凶判斷】

所以，財帛宮凶，一生難以累積很大財富，會欠債、破財，而且這種狀況持續時間長。

【事實情況】

命主是企業文職員工，2018 年被詐騙，損失40多萬。命主的老公從 2005 年投資以來，到 2019 年血本無歸，虧了幾百萬了。

例題 6

<table>
<tr>
<td>廉貪右龍天
貞狼弼池哭
陷陷平陷不

病
伏兵
指背 23～32 辛
官符 夫妻宮 巳</td>
<td>巨天臺天副咸大月
門姚輔廚截池耗德
旺平　　廟陷旺

衰
大耗
咸池 13～22 壬
小耗 兄弟宮 午</td>
<td>天截天
相空虛
得廟陷
身宮
帝旺
病符
月煞 3～12 癸
歲破 命宮 未</td>
<td>天天天天天天天天龍
同梁鉞喜才壽福巫德
旺陷廟旺廟旺廟
權
臨官
喜神
亡神 113～122 甲
龍德 父母宮 申</td>
</tr>
<tr>
<td>太文擎八天天陰
陰曲羊座貴官煞
陷得廟旺旺旺
忌
死
官府
天煞 33～42 庚
貫索 子女宮 辰</td>
<td colspan="2" rowspan="2">乾造 乙 癸 乙 丙 (日空戌、亥)
　　 丑 未 丑 戌

甲干 廉貞-太陽　乙干 天機-太陰　丙干 天同-廉貞　丁干 太陰-巨門
戊干 貪狼-天機　己干 武曲-文曲
庚干 太陽-天同　辛干 巨門-文昌　壬干 天梁-武曲　癸干 破軍-貪狼</td>
<td>武七左鳳蜚年
曲殺輔閣廉解
利旺陷廟　旺

冠帶
飛廉
將星 103～112 乙
白虎 福德宮 酉</td>
</tr>
<tr>
<td>天祿火天
府存星月
得廟利

墓
博士
災煞 43～52 己
喪門 財帛宮 卯</td>
<td>太文鈴三恩副寡天
陽昌星臺光旬宿德
不陷廟旺廟陷陷廟

沐浴
奏書
攀鞍 93～102 丙
天德 田宅宮 戌</td>
</tr>
<tr>
<td>陀紅天天封天孤劫
羅鸞刑使誥空辰煞
陷旺廟平　陷平

絕
力士
劫煞 53～62 戊
晦氣 疾厄宮 寅</td>
<td>紫破破華
微軍碎蓋
廟旺陷陷
科
胎
青龍
華蓋 63～72 己
歲建 遷移宮 丑</td>
<td>天天天解
機魁傷神
廟旺陷廟
祿
養
小耗
息神 73～82 戊
病符 交友宮 子</td>
<td>地地天旬
劫空馬空
　陷平平

長生
將軍
歲驛 83～92 丁
弔客 官祿宮 亥</td>
</tr>
</table>

【財運吉凶分析】

1、財帛宮天府、祿存、火星、天月星，照七殺、鳳閣、蜚蠊、武曲星。

2、天府、祿存、武曲星，說明：是食俸祿之人，公職，企業或者商業方面等。

3、天府、祿存、火星、七殺、武曲星，說明：求財靠技術或者投資、電子、網路、資訊等。

4、天府、七殺、武曲星，說明：做管理性質的工作。

5、天府、祿存、七殺、鳳閣、武曲星，說明：買房子帶來很大的經濟壓力、工薪階層等。

6、天府、祿存、火星、天月、七殺、蜚蠊星，說明：會有因為疾病和是非造成的破財。

【財運吉凶判斷】

所以，財帛宮星情一般，屬於工薪階層，投資容易失敗，靠技術或者管理求財。

【事實情況】命主是國企員工，固定工作、做的是技術性工種，但是也是管理性質的，不在體制內，升遷無望。

例題 7

<table>
<tr>
<td>紫七右天破劫月
微殺弼廚碎煞德
旺平平　陷

絕
大耗
劫煞　106～115　己
小耗　福德宮　巳</td>
<td>文火天三封天天
昌星姚臺誥哭虛
陷廟平旺　陷平

墓
病符
災煞　96～105　庚
歲破　田宅宮　午</td>
<td>天地天大龍
鉞空官耗德
旺平廟平

死
喜神
天煞　86～95　辛
龍德　官祿宮　未</td>
<td>文八天天截蜚
曲座傷巫空廉
得廟平　廟

病
飛廉
指背　76～85　壬
白虎　交友宮　申</td>
</tr>
<tr>
<td>天天天龍陰華
機梁貴池煞蓋
利廟旺廟　廟

胎
伏兵
華蓋　116～125　戊
官符　父母宮　辰</td>
<td colspan="2" rowspan="2">坤造　甲　辛　癸　丙（日空辰、巳）
　　　子　未　卯　辰

甲干　廉貞-太陽　乙干　天機-太陰　丙干　天同-廉貞　丁干　太陰-巨門
戊干　貪狼-天機　己干　武曲-文曲
庚干　太陽-天同　辛干　巨門-文昌　壬干　天梁-武曲　癸干　破軍-貪狼</td>
<td>廉破左天天咸天
貞軍輔喜福池德
平陷陷廟廟平不
祿 權

衰
奏書
咸池　66～75　癸
天德　遷移宮　酉</td>
</tr>
<tr>
<td>天擎地紅天天
相羊劫鸞才月
陷陷平廟旺

養
官府
息神　6～15　丁
貫索　命宮　卯</td>
<td>鳳天臺旬寡年
閣使輔空宿解
廟陷　陷陷廟

帝旺
將軍
月煞　56～65　甲
弔客　疾厄宮　戌</td>
</tr>
<tr>
<td>太巨祿鈴天天恩孤
陽門存星馬刑光辰
旺廟廟廟旺廟平平
忌

長生
博士
歲驛　16～25　丙
喪門　兄弟宮　寅</td>
<td>武貪天陀天
曲狼魁羅空
廟廟旺廟平
科

沐浴
力士
攀鞍　26～35　丁
晦氣　夫妻宮　丑</td>
<td>天太解
同陰神
旺廟廟

冠帶
青龍
將星　36～45　丙
歲建　子女宮　子</td>
<td>天天
府壽
得旺
身宮

臨官
小耗
亡神　46～55　乙
病符　財帛宮　亥</td>
</tr>
</table>

【財運吉凶分析】

1、財帛宮天府、天壽星，照紫微、天廚、劫煞、月德星。

2、天府、天壽、紫微星，說明：有養老金、上班族，積蓄致富類型。

3、天廚、劫煞、月德星，說明：月光一族、積蓄少。

4、天壽星，天廚、月德星，說明：有吃有喝，溫飽不愁。

5、天府、紫微、劫煞星，說明：大老闆創業會破財。

6、天府、劫煞星，說明：積蓄少，難以爆發。

【財運吉凶判斷】

所以，財帛宮星情一般，溫飽階層、累積致富的人、不適合做老闆創業，適合上班工薪階層。

【事實情況】命主在國企上班，2010年從車間調入辦公室。2016年賣房子賺了點錢，2018年炒股賠錢十幾萬元，2018年開店賠錢。經濟情況一直不滿意。

例題 8

<table>
<tr>
<td>天陀鳳天天年
相羅閣才傷解
得陷廟廟平旺
臨官
力士
指背 72～81 己
歲建 交友宮 巳</td>
<td>天祿天咸
梁存空池
廟廟廟陷
科
身宮
冠帶
博士
咸池 62～71 庚
晦氣 遷移宮 午</td>
<td>廉七擎鈴天天蜚
貞殺羊星使月廉
利廟廟利平
沐浴
官府
月煞 52～61 辛
喪門 疾厄宮 未</td>
<td>天地天天孤
鉞劫姚廚辰
廟廟陷 平
長生
伏兵
亡神 42～51 壬
貫索 財帛宮 申</td>
</tr>
<tr>
<td>巨天天寡
門喜刑宿
陷陷平陷
帝旺
青龍
天煞 82～91 戊
病符 官祿宮 辰</td>
<td colspan="2" rowspan="2">乾造 己 壬 丙 丁 (日空戌、亥)
巳 申 寅 酉

甲干 廉貞-太陽 乙干 天機-太陰 丙干 天同-廉貞 丁干 太陰-巨門
戊干 貪狼-天機 己干 武曲-文曲
庚干 太陽-天同 辛干 巨門-文昌 壬干 天梁-武曲 癸干 破軍-貪狼</td>
<td>龍天截破
池官空碎
廟平廟平
養
大耗
將星 32～41 癸
官符 子女宮 酉</td>
</tr>
<tr>
<td>紫貪右恩天臺
微狼弼光貴輔
旺利陷廟旺
權
衰
小耗
災煞 92～101 丁
弔客 田宅宮 卯</td>
<td>天紅旬大月
同鸞空耗德
平陷陷平
胎
病符
攀鞍 22～31 甲
小耗 夫妻宮 戌</td>
</tr>
<tr>
<td>天太地三天解劫天
機陰空臺福神煞德
得旺陷平旺廟 平
病
將軍
劫煞 102～111 丙
天德 福德宮 寅</td>
<td>天文文天華
府昌曲哭蓋
廟廟廟廟陷
忌
死
奏書
華蓋 112～121 丁
白虎 父母宮 丑</td>
<td>太天火八陰龍
陽魁星座煞德
陷旺陷陷
墓
飛廉
息神 2～11 丙
龍德 命 宮 子</td>
<td>武破左天天封天天
曲軍輔馬壽誥巫虛
平平不平旺 平
祿
絕
喜神
歲驛 12～21 乙
歲破 兄弟宮 亥</td>
</tr>
</table>

【財運吉凶分析】

1、財帛宮天鉞、地劫、孤辰、天廚星，照天機、太陰、天福、劫煞星。

2、孤辰、天機、太陰星，說明：做的行業比較偏或者小眾化、求財上幫助的人較少。

3、天機、太陰星，說明：做的行業需要動智慧、需要設備等，有投機性質，商業或者金融業，收入不穩定時高時低。

4、天廚、太陰、天福星，說明：不愁吃喝，能夠溫飽。

5、地劫、孤辰、太陰、劫煞星，說明：花耗多、暗損多、積蓄少、消費高等。

6、天鉞、天機、太陰星，說明：工作不只一個行業，有兼職等。

【財運吉凶判斷】

所以，財帛宮星情吉凶參半，不適合有太大投資，可以做投機性質工作、商業、金融等。溫飽型，不愁吃喝，消費高破費多。

【事實情況】命主本科學歷，做大宗貿易和期貨，2013、2014、2016年虧損八十多萬，2018年掙了二十多萬。

例題 9

<table>
<tr>
<td>天天紅大龍
相鉞鸞耗德
得旺旺陷

飛廉 臨官
亡神 16～25 乙
龍德 父母宮 巳</td>
<td>天天天解陰
梁壽福神煞
廟平平廟
祿
喜神 帝旺
將星 26～35 丙
白虎 福德宮 午</td>
<td>廉七地天寡天
貞殺劫刑宿德
利廟平陷不廟

病符 衰
攀鞍 36～45 丁
天德 田宅宮 未</td>
<td>天天
馬哭
旺廟
身宮
大耗 病
歲驛 46～55 戊
弔客 官祿宮 申</td>
</tr>
<tr>
<td>巨天
門虛
陷陷

奏書 冠帶
月煞 6～15 甲
歲破 命宮 辰</td>
<td colspan="2" rowspan="2">乾造 壬 壬 癸 庚 (日空申、酉)
戌 子 未 申

甲干 廉貞-太陽 乙干 天機-太陰 丙干 天同-廉貞 丁干 太陰-巨門
戊干 貪狼-天機 己干 武曲-文曲
庚干 太陽-天同 辛干 巨門-文昌 壬干 天梁-武曲 癸干 破軍-貪狼</td>
<td>火天天
星傷廚
得平

伏兵 死
息神 56～65 己
病符 交友宮 酉</td>
</tr>
<tr>
<td>紫貪天地截咸月
微狼魁空空池德
旺利廟平平平
權
將軍 沐浴
咸池 116～125 癸
小耗 兄弟宮 卯</td>
<td>天陀天天封天華
同羅貴官誥月蓋
平廟旺平 平

官府 墓
華蓋 66～75 庚
歲建 遷移宮 戌</td>
</tr>
<tr>
<td>天太左文龍天臺天
機陰輔昌池才輔巫
得旺廟陷平廟
科
小耗 長生
指背 106～115 壬
官符 夫妻宮 寅</td>
<td>天三八破
府臺座碎
廟廟廟陷

青龍 養
天煞 96～105 癸
貫索 子女宮 丑</td>
<td>太右文擎恩鳳旬蜚年
陽弼曲羊光閣空廉解
陷廟得陷平廟陷 廟

力士 胎
災煞 86～95 壬
喪門 財帛宮 子</td>
<td>武破祿鈴天天天天孤劫
曲軍存星喜姚使空辰煞
平平廟利旺陷旺平陷
忌
博士 絕
劫煞 76～85 辛
晦氣 疾厄宮 亥</td>
</tr>
</table>

【財運吉凶分析】

1、財帛宮太陽陷落、右弼、文曲、恩光、鳳閣、擎羊星，照天梁化祿、解神星。

2、太陽陷落、解神、天梁化祿，說明：非公職，老闆命，做管理等。

3、右弼、文曲、恩光、擎羊、天梁化祿，說明：有才能和才華，意識超前、善於管理。

4、右弼、文曲、恩光星，說明：裝飾性質、保護性質的。

5、鳳閣、擎羊、天梁化祿，說明：建材，或者車輛需要的。

【財運吉凶判斷】

所以，財帛宮星情較好，適合做管理性質、紀律性質工作，但是非公職，適合做老闆。適合做建材或者裝飾性質的事業。

【事實情況】

命主是老闆，做橡膠貿易，2013、2014、2015年賺六百萬。

例題 10

<table>
<tr>
<td>天天天恩天天截天
梁馬姚光福巫空虛
得平平平旺　廟旺

病
將星
歲驛　93～102　癸
歲破　田宅宮　巳</td>
<td>七右文天八封天陰龍
殺弼昌鉞座誥廚煞德
旺旺陷　旺
忌
衰
小耗
息神　83～92　甲
龍德　官祿宮　午</td>
<td>地天天天天華
空貴傷月哭蓋
平旺陷　平陷

帝旺
青龍
華蓋　73～82　乙
白虎　交友宮　未</td>
<td>廉左文陀三劫天
貞輔曲羅臺煞德
廟平得陷旺　平
科
臨官
力士
劫煞　63～72　丙
天德　遷移宮　申</td>
</tr>
<tr>
<td>紫天紅大月
微相鸞耗德
得得廟平

死
奏書
攀鞍　103～112　壬
小耗　福德宮　辰</td>
<td colspan="2" rowspan="2">乾造　辛　癸　己　戊（日空寅、卯）
　　　亥　巳　酉　辰

甲干　廉貞-太陽　乙干　天機-太陰　丙干　天同-廉貞　丁干　太陰-巨門
戊干　貪狼-天機　己干　武曲-文曲
庚干　太陽-天同　辛干　巨門-文昌　壬干　天梁-武曲　癸干　破軍-貪狼</td>
<td>祿天天天破
存壽官使碎
廟平平陷平

冠帶
博士
災煞　53～62　丁
弔客　疾厄宮　酉</td>
</tr>
<tr>
<td>天巨地龍
機門劫池
旺廟平廟
祿
墓
飛廉
將星　113～122　辛
官符　父母宮　卯</td>
<td>破擎天臺寡
軍羊喜輔宿
旺廟陷　陷
身宮
沐浴
官府
天煞　43～52　戊
病符　財帛宮　戌</td>
</tr>
<tr>
<td>貪天鈴旬孤
狼魁星空辰
平　廟陷平

絕
喜神
亡神　3～12　庚
貫索　命宮　寅</td>
<td>太太火天天蜚
陽陰星刑才廉
不廟得陷平
權
胎
病符
月煞　13～22　辛
喪門　兄弟宮　丑</td>
<td>武天解天咸
曲府神空池
旺廟廟陷陷

養
大耗
咸池　23～32　庚
晦氣　夫妻宮　子</td>
<td>天鳳年
同閣解
廟旺得

長生
伏兵
指背　33～42　己
歲建　子女宮　亥</td>
</tr>
</table>

【財運吉凶分析】

1、財帛宮破軍、擎羊、天喜、台輔、寡宿星，照紫微、天相、紅鸞星。
2、破軍、擎羊星，說明：求財的方式很費力氣、有風險、大起大落等。
3、破軍、台輔、寡宿、天相、紅鸞星，說明：所做的事業與建築業、裝飾業有關係。
4、台輔、寡宿、紫微、天相星，說明：自己做老闆、自己說了算、管理性質等。
5、破軍、擎羊、紫微、天相星，說明：事業不穩定，起落無恆。
6、天喜、台輔、紫微、天相、紅鸞星，說明：經常與一些大型公司或者機構打交道。

【財運吉凶判斷】

所以，財帛宮星情較差，大起大落，爆發爆破等的財運狀態，與建築裝飾行業有聯繫。自己做老闆。

【事實情況】

命主是老闆，前半生很窮，2016年做建築沙石、建材等運輸，幾年下來賺了五百多萬。

第四節 斷房產吉凶例題

例題1

<table>
<tr>
<td>天天紅天大龍
相鉞鸞才耗德
得旺旺廟陷

飛廉　　　絕
亡神　102～111　乙
龍德　夫妻宮　巳</td>
<td>天左天
梁輔福
廟旺平
祿科

喜神　　　胎
將星　112～121　丙
白虎　兄弟宮　午</td>
<td>廉七寡天
貞殺宿德
利廟不廟

病符　　　養
奏書　2～11　丁
天德　命 宮　未</td>
<td>右地天天
弼劫馬哭
不廟旺廟

大耗　　　長生
歲驛　12～21　戊
弔客　父母宮　申</td>
</tr>
<tr>
<td>巨八恩天天天
門座光貴月虛
陷旺廟旺　陷

奏書　　　墓
月煞　92～101　甲
歲破　子女宮　辰</td>
<td colspan="2" rowspan="2">乾造 王 癸 辛 丁(日空寅、卯)
　　 戌 卯 亥 酉

甲干 廉貞-太陽　乙干 天機-太陰　丙干 天同-廉貞　丁干 太陰-巨門
戊干 貪狼-天機　己干 武曲-文曲
庚干 太陽-天同　辛干 巨門-文昌　壬干 天梁-武曲　癸干 破軍-貪狼</td>
<td>天
廚

伏兵　　　沐浴
息神　22～31　己
病符　福德宮　酉</td>
</tr>
<tr>
<td>紫貪天天臺截咸月
微狼魁姚輔空池德
旺利廟廟　平平
權

將軍　　　死
咸池　82～91　癸
小耗　財帛宮　卯</td>
<td>天陀火三天解陰華
同羅星臺官神煞蓋
平廟廟旺平廟　平

官府　　　冠帶
華蓋　32～41　庚
歲建　田宅宮　戌</td>
</tr>
<tr>
<td>天太地龍天天
機陰空池使巫
得旺陷平平

小耗　　　病
指背　72～81　壬
官符　疾厄宮　寅</td>
<td>天文文破
府昌曲碎
廟廟廟陷
身宮

青龍　　　衰
天煞　62～71　癸
貫索　遷移宮　丑</td>
<td>太擎鈴鳳天旬蜚年
陽羊星閣傷空廉解
陷陷陷廟陷陷　廟

力士　　　帝旺
災煞　52～61　壬
喪門　交友宮　子</td>
<td>武破祿天天天封天孤劫
曲軍存喜刑壽誥空辰煞
平平廟旺陷旺　平陷
忌

博士　　　臨官
劫煞　42～51　辛
晦氣　官祿宮　亥</td>
</tr>
</table>

【房產有無分析】

1、田宅宮天同、陀羅、火星、三台、天官、解神、華蓋、陰煞星，加會天梁化祿、左輔化科，合紫微、天魁、天姚星。

2、陀羅、三台、天官、華蓋、天梁化祿、左輔化科、紫微、天魁星，說明：家裡有房子不只一套，有兩三套房子。有從父母那裡繼承的房子，也有自己購置的房子。

3、陀羅、火星、解神、陰煞星，說明：會因故突然賣掉一套房產，或者房子出現火災。

4、天同、陀羅、火星、天官、解神、華蓋、陰煞星，說明：有一套舊房子。

5、天梁化祿、左輔化科、紫微、天魁、天姚星，說明：有一套新房子。

【房產有無判斷】

所以，田宅宮吉凶參半、吉大凶小，有房產兩三套，會賣掉一套，有新房子也有舊房子。

【事實情況】

命主有三套房子，其中一套是父母的，命主住一套，還有一套做出租用，2016年賣掉了一套。

例題 2

天左文祿天天破 同輔昌存使月碎 廟平廟廟平　陷 博士　絕 亡神　72～81　丁 病符　疾厄宮　巳	武天擎火地天 曲府羊星空廚 旺旺陷廟廟 力士　胎 將星　82～91　戊 歲建　財帛宮　午	太太天封天 陽陰鉞誥空 得不旺　陷 權 青龍　養 攀鞍　92～101　己 晦氣　子女宮　未	貪鈴天解天孤 狼星馬神巫辰 平陷旺不　平 祿　身宮 小耗　長生 歲驛　102～111　庚 喪門　夫妻宮　申
破陀地鳳天寡年 軍羅劫閣才宿解 旺廟陷陷陷陷廟 官府　墓 月煞　62～71　丙 弔客　遷移宮　辰	乾造 戊　乙　戊　丁 (日空午、未) 　　 午　卯　子　巳 甲干 廉貞-太陽　乙干 天機-太陰　丙干 天同-廉貞　丁干 太陰-巨門 戊干 貪狼-天機　己干 武曲-文曲 庚干 太陽-天同　辛干 巨門-文昌　壬干 天梁-武曲　癸干 破軍-貪狼		天巨右文紅 機門弼曲鸞 旺廟陷廟旺 忌　科 將軍　沐浴 息神　112～121　辛 貫索　兄弟宮　酉
天八天天天咸天 喜座官福傷池德 旺平旺平陷平平 伏兵　死 咸池　52～61　乙 天德　交友宮　卯			紫天天恩龍華 微相刑光池蓋 得得廟廟陷平 奏書　冠帶 華蓋　2～11　壬 官符　命 宮　戌
廉天天天蜚 貞姚貴壽廉 廟旺平旺 大耗　病 指背　42～51　甲 白虎　官祿宮　寅	天大龍 魁耗德 旺平 病符　衰 天煞　32～41　乙 龍德　田宅宮　丑	七截旬天天陰 殺空空哭虛煞 旺陷陷平陷 喜神　帝旺 災煞　22～31　甲 歲破　福德宮　子	天三臺劫月 梁臺輔煞德 陷平 飛廉　臨官 劫煞　12～21　癸 小耗　父母宮　亥

【房產有無分析】

1、田宅宮天魁、龍德、大耗星，照太陽、天鉞、封誥星。
2、天魁、太陽、天鉞星，說明：名下房產不只一套，兩三套。
3、天魁、龍德、大耗、太陽、天鉞星，說明：買房子的時候錢花不多，有房產投資。
4、天魁、太陽、天鉞星，說明：有坐出租用途的房子。
5、太陽、天鉞、封誥星，說明：房產不會超過三套，否則會賣掉。
6、天魁、太陽、天鉞星，說明：做房產投資能賺錢。

【房產有無判斷】

所以，田宅宮星情較好，有多套房子，在房產的投資上獲得收穫。有房子在出租中。

【事實情況】命主有三套房子，其中一套高層住宅，2007 年買的，帶電梯的；一套是商用門面房，2002 年買的；一套是老房子，是七樓，不帶電梯。有房子在出租中。

例題3

<table>
<tr>
<td>天陀天天天天孤蜚破
機羅馬使巫廚辰廉碎
平陷平平　　陷　陷
科
長生
力士
歲驛　54～63　乙
病門　疾厄宮　巳</td>
<td>紫文祿天封
微昌存喜誥
廟陷廟廟
身宮
養
博士
息神　44～53　丙
貫索　財帛宮　午</td>
<td>擎地龍鳳年華
羊空池閣解蓋
廟平廟陷得陷
胎
官府
華蓋　34～43　丁
官符　子女宮　未</td>
<td>破文解大劫月
軍曲神耗煞德
得得不陷
絕
伏兵
劫煞　24～33　戊
小耗　夫妻宮　申</td>
</tr>
<tr>
<td>七左天
殺輔空
廟廟廟
沐浴
青龍
攀鞍　64～73　甲
晦氣　遷移宮　辰</td>
<td colspan="2" rowspan="2">乾造 丁 壬 丁 甲 (日空辰、巳)
　　 卯 寅 酉 辰

甲干 廉貞-太陽　乙干 天機-太陰　丙干 天同-廉貞　丁干 太陰-巨門
戊干 貪狼-天機　己干 武曲-文曲
庚干 太陽-天同　辛干 巨門-文昌　壬干 天梁-武曲　癸干 破軍-貪狼</td>
<td>天天天天
鉞刑壽虛
廟廟平旺
墓
大耗
災煞　14～23　己
歲破　兄弟宮　酉</td>
</tr>
<tr>
<td>太天地八天天
陽梁劫座傷哭
廟廟平平陷廟
冠帶
小耗
將星　74～83　癸
歲建　交友宮　卯</td>
<td>廉天右臺天旬龍
貞府弼輔月空德
利廟廟　　陷
死
病符
天煞　4～13　庚
龍德　命　宮　戌</td>
</tr>
<tr>
<td>武天鈴天天截陰
曲相星貴官空煞
得廟廟平平陷
臨官
將軍
亡神　84～93　壬
病符　官祿宮　寅</td>
<td>天巨火天天寡
同門星姚才宿
不不得平平平
權忌
帝旺
奏書
月煞　94～103　癸
弔客　田宅宮　丑</td>
<td>貪紅恩咸天
狼鸞光池德
旺廟平陷廟
衰
飛廉
咸池　104～113　壬
天德　福德宮　子</td>
<td>太天三天
陰魁臺福
廟旺平廟
祿
病
喜神
指背　114～123　辛
白虎　父母宮　亥</td>
</tr>
</table>

【房產有無分析】

1、田宅宮天同化權、巨門化忌、火星、天才、寡宿、天姚星，照擎羊、地空、龍池、鳳閣、華蓋、紫微、祿存星。

2、龍池、鳳閣、華蓋、紫微、祿存星，說明：有不只一套房子，其中一套是辦公或者商業住宅。

3、天同化權、巨門化忌、火星、天姚、擎羊、龍池、鳳閣、華蓋星，說明：不是新房子。

4、天同化權、巨門化忌、火星、

擎羊、地空、龍池、鳳閣、華蓋、紫微、祿存星，說明：會因為投資、工作、地點變化而突然失去房子，或者賣掉房子。

5、巨門化忌、火星、擎羊、地空、龍池、鳳閣、華蓋、祿存星，說明：會因故變賣房產獲取現金。

6、天同化權、巨門化忌、龍池、鳳閣、華蓋、祿存星，說明：會在其他地點或者不同地域買房產或者賣掉房產。

7、巨門化忌、寡宿、擎羊、龍池、鳳閣、華蓋、紫微、祿存星，說明：房產的價值很大，上百萬。

【房產有無判斷】

所以，田宅宮星情差，會因為工作、地點變化等，造成不同地點有房產，或者突然賣掉房產套現。

【事實情況】命主有一套商用房產，價值一百多萬，由於要把事業重心轉移到另一個城市而變賣房產，償還一些債務，順便做一些投資。

例題4

<table>
<tr>
<td>天右天紅臺大龍
梁弼鉞鸞輔耗德
得平旺旺　陷
祿
絕
飛廉　95～104　乙
亡神　巳
龍德　子女宮</td>
<td>七天天天
殺姚才福
旺平旺平
身宮
胎
喜神　105～114　丙
將星　午
白虎　夫妻宮</td>
<td>寡天
宿德
不廟
養
病符　115～124　丁
攀鞍　未
天德　兄弟宮</td>
<td>廉天天天
貞馬巫哭
廟旺　廟
長生
大耗　5～14　戊
歲驛　申
弔客　命 宮</td>
</tr>
<tr>
<td>紫天天天天陰
微相貴壽虛煞
得得旺廟陷
權
墓
奏書　85～94　甲
月煞　辰
歲破　財帛宮</td>
<td colspan="2" rowspan="2">乾造 壬 戊 辛 己 (日空戌、亥)
　　 戌 申 未 亥

甲干 廉貞-太陽　乙干 天機-太陰　丙干 天同-廉貞　丁干 太陰-巨門
戊干 貪狼-天機　己干 武曲-文曲
庚干 太陽-天同　辛干 巨門-文昌　壬干 天梁-武曲　癸干 破軍-貪狼</td>
<td>左天
輔廚
陷
科
沐浴
伏兵　15～24　己
息神　酉
病符　父母宮</td>
</tr>
<tr>
<td>天巨文天八天天截咸月
機門曲魁座使月空池德
旺廟旺廟平平　平平
死
將軍　75～84　癸
咸池　卯
小耗　疾厄宮</td>
<td>破陀地天華
軍羅劫官蓋
旺廟平平平
冠帶
官府　25～34　庚
華蓋　戌
歲建　福德宮</td>
</tr>
<tr>
<td>貪鈴天龍
狼星刑池
平廟廟平
病
小耗　65～74　壬
指背　寅
官符　遷移宮</td>
<td>太太天封破
陽陰傷誥碎
不廟平　陷
衰
青龍　55～64　癸
天煞　丑
貫索　交友宮</td>
<td>武天擎火地恩鳳解旬蜚年
曲府羊星空光閣神空廉解
旺廟陷陷平平廟廟陷　廟
忌
帝旺
力士　45～54　壬
災煞　子
喪門　官祿宮</td>
<td>天文祿天三天孤劫
同昌存喜臺空辰煞
廟利廟旺平平陷
臨官
博士　35～44　辛
劫煞　亥
晦氣　田宅宮</td>
</tr>
</table>

【房產有無分析】

1、田宅宮天同、文昌、祿存、天喜、三台、天空、劫煞星。

2、天同、文昌、祿存、天喜、三台平勢，說明：有一套新房、本人是業主、有產權證。

3、天同、文昌、祿存、三台星，說明：把房產兌換成為現金。

4、天同、文昌、三台、天空、劫煞星，說明：會賣掉房子。

5、天同、三台星，說明：會去其他城市發展。

6、天同、三台、天空、劫煞星，說明：會消耗房產的資金。

【房產有無判斷】

所以，田宅宮星情半吉半凶，會賣掉房產，用房產兌換現金等。

【事實情況】

命主2017年、2018年為孩子治病和母親去世，花了很多錢，只好賣掉自己的房子，一部分還帳，剩下的留著過日子。

例題 5

<table>
<tr>
<td>天祿鈴天孤
梁存星官辰
得廟得旺陷
博士　　　　長生
亡神　24～33　癸
貫索　夫妻宮　巳</td>
<td>七文擎恩龍
殺曲羊光池
旺陷陷廟不
官府　　　　養
將星　14～23　甲
官符　兄弟宮　午</td>
<td>天天月
喜月德
陷
伏兵　　　　胎
攀鞍　4～13　乙
小耗　命 宮　未</td>
<td>廉文天天鳳臺天年
貞昌馬姚閣輔虛解
廟得旺陷不　廟利
忌 科
大耗　　　　絕
歲驛　114～123　丙
歲破　父母宮　申</td>
</tr>
<tr>
<td>紫天陀天八天封截天
微相羅刑座貴誥空哭
得得廟平旺旺　陷平
力士　　　　沐浴
月煞　34～43　壬
喪門　子女宮　辰</td>
<td colspan="2" rowspan="2">坤造　丙　丁　壬　壬(日空子、丑)
　　　寅　酉　戌　寅

甲干 廉貞-太陽　乙干 天機-太陰　丙干 天同-廉貞　丁干 太陰-巨門
戊干 貪狼-天機　己干 武曲-文曲
庚干 太陽-天同　辛干 巨門-文昌　壬干 天梁-武曲　癸干 破軍-貪狼</td>
<td>天地天破大龍
鉞空才碎耗德
廟廟旺平不
病符　　　　墓
息神　104～113　丁
龍德　福德宮　酉</td>
</tr>
<tr>
<td>天巨右火天咸
機門弼星空池
旺廟陷利平平
權
青龍　　　　冠帶
咸池　44～53　辛
晦氣　財帛宮　卯</td>
<td>破三旬蜚華
軍臺空廉蓋
旺旺陷　平
喜神　　　　死
華蓋　94～103　戊
白虎　田宅宮　戌</td>
</tr>
<tr>
<td>貪天解
狼使神
平平廟
小耗　　　　臨官
指背　54～63　庚
歲建　疾厄宮　寅</td>
<td>太太地紅天寡
陽陰劫鸞壽宿
不廟陷陷廟平
將軍　　　　帝旺
天煞　64～73　辛
病符　遷移宮　丑</td>
<td>武天天天天陰
曲府福傷廚煞
旺廟平陷
奏書　　　　衰
災煞　74～83　庚
弔客　交友宮　子</td>
<td>天左天天劫天
同輔魁巫煞德
廟不旺　　平
祿　　　　身宮
飛廉　　　　病
劫煞　84～93　己
天德　官祿宮　亥</td>
</tr>
</table>

【房產有無分析】

1、田宅宮破軍、三台、旬空、蜚廉、華蓋星，照紫微、天相、陀羅、八座、天貴、封誥星。

2、破軍、旬空、蜚廉、華蓋、天相、陀羅、八座星，說明：會住舊房子。

3、破軍、三台、旬空、華蓋、天相、八座、封誥星，說明：一生居住過兩三套房子。

4、破軍、蜚廉、紫微、天相、陀羅、封誥星，一生會遇到房產糾紛。

5、破軍、三台、旬空、華蓋、紫微、天相、八座星，說明：會因故賣掉房子。

【房產有無判斷】

所以，田宅宮星情差，會因故賣掉房子，會住舊房子。一生居住過兩三套房子。

【事實情況】

命主沒有祖業繼承，2019 年因為急需用錢，賣掉自己的房子。

例題6

<table>
<tr>
<td>天右天天天天
機弼鉞馬福虛
平平旺平旺旺
奏書　　　　絕
歲驛　22～31　丁
歲破　福德宮　巳</td>
<td>紫文天三天封龍
微昌姚臺官誥德
廟陷平旺廟
飛廉　　　　胎
息神　32～41　戊
龍德　田宅宮　午</td>
<td>地天華
空哭蓋
平平陷
喜神　　　　養
華蓋　42～51　己
白虎　官祿宮　未</td>
<td>破文八天天劫天
軍曲座傷巫煞德
得得廟平　　平
祿
病符　　　　長生
劫煞　52～61　庚
天德　交友宮　申</td>
</tr>
<tr>
<td>七紅天陰大月
殺鸞貴煞耗德
廟廟旺　平
將軍　　　　墓
攀鞍　12～21　丙
小耗　父母宮　辰</td>
<td colspan="2" rowspan="2">坤造　癸　己　戊　丙（日空寅、卯）
　　　亥　未　申　辰

甲干 廉貞-太陽　乙干 天機-太陰　丙干 天同-廉貞　丁干 太陰-巨門
戊干 貪狼-天機　己干 武曲-文曲
庚干 太陽-天同　辛干 巨門-文昌　壬干 天梁-武曲　癸干 破軍-貪狼</td>
<td>左破
輔碎
陷平
大耗　　　　沐浴
災煞　62～71　辛
弔客　遷移宮　酉</td>
</tr>
<tr>
<td>太天天地龍天
陽梁魁劫池月
廟廟廟平廟
小耗　　　　死
將星　2～11　乙
官符　命宮　卯</td>
<td>廉天天天天臺寡
貞府喜壽使輔宿
利廟陷廟陷　陷
伏兵　　　　冠帶
天煞　72～81　壬
病符　疾厄宮　戌</td>
</tr>
<tr>
<td>武天鈴天恩天孤
曲相星刑光才辰
得廟廟廟平廟平
青龍　　　　病
亡神　112～121　甲
貫索　兄弟宮　寅</td>
<td>天巨擎火截蜚
同門羊星空廉
不不廟得不
權
力士　　　　衰
月煞　102～111　乙
喪門　夫妻宮　丑</td>
<td>貪祿解旬天咸
狼存神空空池
旺廟廟陷陷陷
忌
博士　　　　帝旺
咸池　92～101　甲
晦氣　子女宮　子</td>
<td>太陀鳳天年
陰羅閣廚解
廟陷旺　得
科
身宮
官府　　　　臨官
指背　82～91　癸
歲建　財帛宮　亥</td>
</tr>
</table>

【房產有無分析】

1、田宅宮紫微、文昌、天姚、三台、天官、封誥、龍德星，照貪狼、祿存，加會武曲、天相、鈴星、天刑星。

2、紫微、文昌、三台、天官、封誥、天相星，說明：一生會居住兩三套房子。

3、紫微、文昌、三台、天官、封誥、武曲、天相、鈴星、天刑星，說明：

會賣掉舊房子再買新房子住。

4、紫微、文昌、三台、天官、龍德、天相、貪狼、祿存星，說明：條件改善而換房子，或者裝修房子等。

5、紫微、文昌、天姚、天官、龍德、貪狼星，說明：會住新房子，一生住新房的時間多一些。

6、文昌陷落、封誥、天相、鈴星、天刑星，說明：一生只有一套房子屬於自己。

【房產有無判斷】

所以，田宅宮星情較好，會有一套房子，當房子舊了會再換新房子住。

【事實情況】

命主 2018 年賣掉房子，為老公還債花掉一部分，再買新房。

例題 7

<table>
<tr>
<td>天天天孤蜚破
相馬傷辰廉碎
得平平陷　陷

伏兵　絕
歲驛　76～85　辛
喪門　交友宮　巳</td>
<td>天天三臺解天截陰
梁喜臺輔神廚空煞
廟廟旺　廟　廟
權
大耗　墓
息神　66～75　壬
貫索　遷移宮　午</td>
<td>廉七天天龍鳳天年華
貞殺刑貴池閣使解蓋
利廟陷旺廟陷平得陷

病符　死
華蓋　56～65　癸
官符　疾厄宮　未</td>
<td>天八天大劫月
鉞座福耗煞德
廟廟廟陷

喜神　病
劫煞　46～55　甲
小耗　財帛宮　申</td>
</tr>
<tr>
<td>巨文擎天天
門曲羊官空
陷得廟旺廟

官府　胎
攀鞍　86～95　庚
晦氣　官祿宮　辰</td>
<td colspan="2" rowspan="2">乾造　乙　戊　己　甲（日空辰、巳）
　　　卯　子　亥　子

甲干　廉貞-太陽　乙干　天機-太陰　丙干　天同-廉貞　丁干　太陰-巨門
戊干　貪狼-天機　己干　武曲-文曲
庚干　太陽-天同　辛干　巨門-文昌　壬干　天梁-武曲　癸干　破軍-貪狼</td>
<td>火天
星虛
得旺

飛廉　衰
災煞　36～45　乙
歲破　子女宮　酉</td>
</tr>
<tr>
<td>紫貪祿天天天
微狼存才壽哭
旺利廟旺陷廟
科
博士　養
將星　96～105　己
歲建　田宅宮　卯</td>
<td>天文鈴天龍
同昌星月德
平陷廟

奏書　帝旺
天煞　26～35　丙
龍德　夫妻宮　戌</td>
</tr>
<tr>
<td>天太左陀封天
機陰輔羅誥巫
得旺廟陷
祿忌
力士　長生
亡神　106～115　戊
病符　福德宮　寅</td>
<td>天恩寡
府光宿
廟廟平

青龍　沐浴
月煞　116～125　己
弔客　父母宮　丑</td>
<td>太右天紅旬咸天
陽弼魁鸞空池德
陷廟旺廟陷陷廟
身宮
小耗　冠帶
咸池　6～15　戊
天德　命宮　子</td>
<td>武破地地天
曲軍劫空姚
平平　陷陷

將軍　臨官
指背　16～25　丁
白虎　兄弟宮　亥</td>
</tr>
</table>

【房產有無分析】

1、田宅宮紫微化科、貪狼、祿存、天才、天壽、天哭星。

2、紫微化科、天壽星，說明：有房產可以養老。有房產。

3、紫微化科、貪狼、祿存、天才星，說明：一生住新房子的時間長。

4、貪狼、天才星，說明：為改善環境而變換新房子等。

5、貪狼、祿存、天才、天哭星，說明：資金上遇到困難的時候會賣掉房子來緩解。

【房產有無判斷】

所以，田宅宮星情較好，會有一套房子，一生住新房子，也可以用房產養老。

【事實情況】

命主2018年，為買一套離學校近點的房子，因資金不夠，賣掉現有的一套房子，然後當年又買了新房。

例題 8

<table>
<tr>
<td>巨左三天破
門輔臺月碎
旺平平　陷

大耗　長生
亡神　4～13　辛
病符　命宮　巳</td>
<td>廉天天
貞相福
平廟平

伏兵　沐浴
將星　14～23　壬
歲建　父母宮　午</td>
<td>天天陀天截天
梁鉞羅壽空空
旺旺廟旺廟陷

官府　冠帶
攀鞍　24～33　癸
晦氣　福德宮　未</td>
<td>七祿天解天孤
殺存馬神巫辰
廟廟旺不　平

博士　臨官
歲驛　34～43　甲
喪門　田宅宮　申</td>
</tr>
<tr>
<td>貪鳳臺寡年
狼閣輔宿解
廟陷　陷廟

病符　養
月煞　114～123　庚
弔客　兄弟宮　辰</td>
<td colspan="2" rowspan="2">乾造　庚　己　癸　壬（日空戌、亥）
　　　午　卯　酉　戌

甲干　廉貞-太陽　乙干　天機-太陰　丙干　天同-廉貞　丁干　太陰-巨門
戊干　貪狼-天機　己干　武曲-文曲
庚干　太陽-天同　辛干　巨門-文昌　壬干　天梁-武曲　癸干　破軍-貪狼</td>
<td>天右擎地紅八
同弼羊劫鸞座
平陷陷平旺廟
忌

力士　帝旺
息神　44～53　乙
貫索　官祿宮　酉</td>
</tr>
<tr>
<td>太天咸天
陰喜池德
陷旺平平
科

喜神　胎
咸池　104～113　己
天德　夫妻宮　卯</td>
<td>武天龍天旬華
曲刑池傷空蓋
廟廟陷平陷平
權

青龍　衰
華蓋　54～63　丙
官符　交友宮　戌</td>
</tr>
<tr>
<td>紫天文天天蜚
微府曲姚廚廉
旺廟平旺

飛廉　絕
指背　94～103　戊
白虎　子女宮　寅</td>
<td>天天鈴地天大龍
機魁星空貴耗德
陷旺得陷旺平
身宮

奏書　墓
天煞　84～93　己
龍德　財帛宮　丑</td>
<td>破文天封天天陰
軍昌使誥哭虛煞
廟得陷　平陷

將軍　死
災煞　74～83　戊
歲破　疾厄宮　子</td>
<td>太火恩天天劫月
陽星光才官煞德
陷利不廟旺
祿

小耗　病
劫煞　64～73　丁
小耗　遷移宮　亥</td>
</tr>
</table>

【房產有無分析】

1、田宅宮七殺、祿存、天馬、天巫、解神、孤辰星，合巨門星，照紫微、天府、天姚、天廚星。

2、祿存、天巫、巨門、紫微、天府星，說明：有房產、不只一套房產。

3、祿存、巨門、紫微、天姚、天府星，說明：有新房，有高層住宅。

4、七殺、天巫、天府星，說明：有老家的房子或者繼承來的房子。

5、祿存、天馬、天巫、巨門、紫微、天府、天廚星，說明：能在房產上獲得收穫。

6、七殺、祿存、天馬、解神、孤辰星，說明：會賣掉其中的一兩套房子換錢花。

【房產有無判斷】

所以，田宅宮星情較好，有兩三套房子，能在房產上獲得收入。

【事實情況】

命主有兩三套房子，其中一套是回遷房，還有新房，出租一套。

例題 9

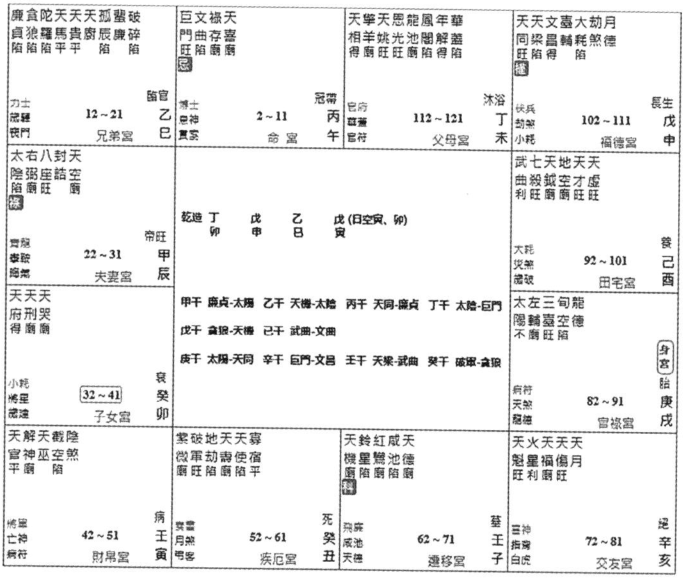
廉貪陀天天天孤蜚破
貞狼羅馬貴廚辰廉碎
陷陷陷平平 陷 陷
忌
力士
歲驛
喪門
12～21
兄弟宮
臨官
乙
巳
巨文祿天
門曲存喜
旺陷廟廟
博士
息神
貫索
2～11
命宮
冠帶
丙
午
天擎天恩龍鳳年華
相羊姚光池閣解蓋
得廟旺旺廟陷得陷
官府
華蓋
官符
112～121
父母宮
沐浴
丁
未
天天文臺大劫月
同梁昌輔耗煞德
旺陷得 陷
權
伏兵
劫煞
小耗
102～111
福德宮
長生
戊
申
太右八封天
陰弼座誥空
陷廟旺 廟
祿
青龍
攀鞍
晦氣
22～31
夫妻宮
帝旺
甲
辰
乾造 丁 戊 乙 戊(日空寅、卯)
卯 申 巳 寅
甲干 廉貞-太陽 乙干 天機-太陰 丙干 天同-廉貞 丁干 太陰-巨門
戊干 貪狼-天機 己干 武曲-文曲
庚干 太陽-天同 辛干 巨門-文昌 壬干 天梁-武曲 癸干 破軍-貪狼
武七天地天天
曲殺鉞空才虛
利旺廟廟旺旺
大耗
災煞
歲破
92～101
田宅宮
養
己
酉
天天天
府刑哭
得廟廟
小耗
將星
歲建
32～41
子女宮
衰
癸
卯
太左三旬龍
陽輔臺空德
不廟旺陷
身宮
病符
天煞
龍德
82～91
官祿宮
胎
庚
戌
天解天截陰
官神巫空煞
平廟 陷
將軍
亡神
病符
42～51
財帛宮
病
壬
寅
紫破地天天寡
微軍劫壽使宿
廟旺陷廟陷平
奏書
月煞
弔客
52～61
疾厄宮
死
癸
丑
天鈴紅咸天
機星鸞池德
廟陷廟陷廟
科
飛廉
咸池
天德
62～71
遷移宮
墓
壬
子
天火天天天
魁星福傷月
旺利廟旺
喜神
指背
白虎
72～81
交友宮
絕
辛
亥

【房產有無分析】

1、田宅宮武曲、七殺、天鉞、地空、天才、天虛星。

2、七殺、地空、天虛星，說明：沒有房子或者賣掉房子。

3、武曲、七殺、地空、天虛星，說明：是小高層或者平房，不是新房子。

4、武曲、天鉞、天才星，說明：能獲得房產上的收入但是不多。

5、命宮巨門化忌、文曲、祿存星，照天機、天德、紅鸞星。

6、巨門化忌、文曲、祿存、天機星，說明：會賣掉房子換錢花。

7、巨門化忌、文曲星，說明：不是高層而是小高層，或者非新房。

【房產有無判斷】

所以，田宅宮星情差，有舊房子或者不是高層住宅會因故賣掉房子。

【事實情況】

命主2014年、2015年生意上賠錢了，而賣掉房子。

例題 10

<table>
<tr>
<td>天左龍天天
梁輔池月哭
得平陷　不
權
伏兵　　病
指背　23～32　辛
官符　夫妻宮　巳</td>
<td>七鈴天截咸大月
殺星廚空池耗德
旺廟　廟陷旺

大耗　　衰
咸池　13～22　壬
小耗　兄弟宮　午</td>
<td>地天天
劫貴虛
平旺陷

病符　　帝旺
月煞　3～12　癸
歲破　命宮　未</td>
<td>廉天天天天解天龍
貞鉞喜才福神巫德
廟廟旺廟廟不

喜神　　臨官
亡神　113～122　甲
龍德　父母宮　申</td>
</tr>
<tr>
<td>紫天擎天
微相羊官
得得廟旺
科
官府　　死
天煞　33～42　庚
貫索　子女宮　辰</td>
<td colspan="2" rowspan="2">乾造　乙　己　丁　戊(日空戌、亥)
　　　丑　卯　卯　申

甲干　廉貞-太陽　乙干　天機-太陰　丙干　天同-廉貞　丁干　太陰-巨門
戊干　貪狼-天機　己干　武曲-文曲
庚干　太陽-天同　辛干　巨門-文昌　壬干　天梁-武曲　癸干　破軍-貪狼</td>
<td>右恩鳳蜚年
弼光閣廉解
陷陷廟　旺

飛廉　　冠帶
將星　103～112　乙
白虎　福德宮　酉</td>
</tr>
<tr>
<td>天巨祿地
機門存空
旺廟廟平
祿
博士　　墓
災煞　43～52　己
喪門　財帛宮　卯</td>
<td>破天封旬寡天
軍刑誥空宿德
旺廟　陷陷廟

奏書　　沐浴
攀鞍　93～102　丙
天德　田宅宮　戌</td>
</tr>
<tr>
<td>貪文陀紅天天臺天孤劫
狼昌羅鸞姚使輔空辰煞
平陷陷旺旺平　陷平

力士　　絕
劫煞　53～62　戊
晦氣　疾厄宮　寅</td>
<td>太太三八破華
陽陰臺座碎蓋
不廟廟廟陷陷
忌
青龍　　胎
華蓋　63～72　己
歲建　遷移宮　丑</td>
<td>武天文天天天陰
曲府曲魁壽傷煞
旺廟得旺平陷

小耗　　養
息神　73～82　戊
病符　交友宮　子</td>
<td>天火天
同星馬
廟利平
身宮
將軍　　長生
歲驛　83～92　丁
弔客　官祿宮　亥</td>
</tr>
</table>

【房產有無分析】

1、田宅宮破軍、天刑、封誥、旬空、寡宿、天德星，照紫微、天相、擎羊、天官星。

2、破軍、天刑、封誥、旬空、紫微、天相星，說明：房子不是新房。

3、破軍、天刑、封誥、旬空、天相星，說明：較長時間裡沒有固定房產，或者因故賣掉房子。

4、破軍、天刑、紫微、天相、擎羊、天官星，說明：容易因為房子出現糾紛或者官司。

5、破軍、紫微、天相、擎羊、天官星，說明：因故突然賣掉房子。

【房產有無判斷】

所以，田宅宮星情凶惡，會賣掉房子，長時間內沒有固定房產。

【事實情況】

命主本為國企技術人員，後來辭職，2013 年投資做餐飲賠錢。2014 年出車禍受傷，父親也與人有經濟糾紛，而變賣房產。

第五節 斷疾厄宮吉凶例題

例題1

<table>
<tr>
<td>天祿地地天天孤劫
梁存劫空喜空辰煞
得廟不廟廟廟陷
博士
劫煞 [26～35] 絕 丁
晦氣 夫妻宮 巳</td>
<td>七擎三恩鳳解天蜚年
殺羊臺光閣神廚廉解
旺陷旺廟平廟 廟
官府 墓
災煞 16～25 戊
喪門 兄弟宮 午</td>
<td>天
鉞
旺
（身宮）
伏兵 死
天煞 6～15 己
貫索 命 宮 未</td>
<td>廉火天八龍封
貞星刑座池誥
廟陷陷廟平
大耗 病
指背 116～125 庚
官符 父母宮 申</td>
</tr>
<tr>
<td>紫天文陀鈴陰華
微相昌羅星煞蓋
得得得廟陷 廟
力士 胎
華蓋 36～45 丙
歲建 子女宮 辰</td>
<td rowspan="2" colspan="2">坤造 戊 乙 辛 甲（日空戌、亥）
辰 丑 未 午

甲干 廉貞-太陽 乙干 天機-太陰 丙干 天同-廉貞 丁干 太陰-巨門
戊干 貪狼-天機 己干 武曲-文曲
庚干 太陽-天同 辛干 巨門-文昌 壬干 天梁-武曲 癸干 破軍-貪狼</td>
<td>咸月
池德
平
病符 衰
咸池 106～115 辛
小耗 福德宮 酉</td>
</tr>
<tr>
<td>天巨左天天
機門輔官福
旺廟陷旺平
忌
青龍 養
息神 46～55 乙
病符 財帛宮 卯</td>
<td>破文旬天
軍曲空虛
旺陷陷陷
喜神 帝旺
月煞 96～105 壬
歲破 田宅宮 戌</td>
</tr>
<tr>
<td>貪天天天天
狼馬使月哭
平旺平 平
祿
小耗 長生
歲驛 56～65 甲
弔客 疾厄宮 寅</td>
<td>太太天寡破天
陽陰魁宿碎德
不廟旺平陷廟
權
將軍 沐浴
攀鞍 66～75 乙
天德 遷移宮 丑</td>
<td>武天天天天臺截
曲府姚貴傷輔空
旺廟陷廟陷 陷
奏書 冠帶
將星 76～85 甲
白虎 交友宮 子</td>
<td>天右紅天天天大龍
同弼鸞才壽巫耗德
廟平廟廟旺 陷
科
飛廉 臨官
亡神 86～95 癸
龍德 官祿宮 亥</td>
</tr>
</table>

【疾厄宮吉凶分析】

1、疾厄宮貪狼化祿、天馬、天使、天月、天哭星，照廉貞、八座、封誥星，合天同、紅鸞、天巫星。

2、天使、天月、天巫、天哭星，說明：容易有疾病煩惱、病程較長。

3、天馬、天使、廉貞、八座星，說明：發病較快速，突然出現等。

4、天月、天哭、廉貞、紅鸞、天巫星，說明：疾病會伴隨發熱、發紅、發燒等。

5、貪狼化祿、天使、天月、天哭、廉貞星，說明：是過敏性疾病，或者皮膚病、婦科病等。

6、貪狼化祿、天月、天哭、廉貞星，說明：疑難雜症，或者難以治癒的疾病等。

【疾厄宮吉凶判斷】

所以，疾厄宮星情差，會在一生中反覆出現一些疑難雜症，注意皮膚和婦科方面。

【事實情況】

命主在2015年出現臉上發紅發熱，像是過敏，偶爾出現，時隱時現，能自癒，2018、2019年，開始嚴重，整年臉上都像猴子屁股一樣通紅，還發熱，非常痛苦，不敢見人，非常自卑，影響工作和社交，影響情感。做過皮膚鐳射治療，2019年開始尋求中醫治療，5月份喝藥到現在9月份，有點起色，但是始終好不了。

例題 2

<table>
<tr>
<td>文祿天岐
昌存貴碎
廟廟平陷

博士　　33～42　　病
亡神　　　　　　　丁
病符　　子女宮　　巳</td>
<td>天擎火地解天
機羊星空神廚
廟陷廟廟廟
忌　　　　　身宮
官府　　23～32　　衰
將星　　　　　　　戊
歲建　　夫妻宮　　午</td>
<td>紫破天封天
微軍鉞誥空
廟旺旺　陷

伏兵　　13～22　　帝旺
攀鞍　　　　　　　己
晦氣　　兄弟宮　　未</td>
<td>鈴天天孤
星馬刑辰
陷旺陷平

大耗　　3～12　　臨官
歲驛　　　　　　　庚
喪門　　命 宮　　申</td>
</tr>
<tr>
<td>太陀地鳳寡陰年
陽羅劫閣宿煞解
旺廟陷陷陷　廟

力士　　43～52　　死
月煞　　　　　　　丙
弔客　　財帛宮　　辰</td>
<td colspan="2" rowspan="2">坤造　戊　乙　乙　辛（日空申、酉）
　　　午　丑　亥　巳

甲干　廉貞-太陽　乙干　天機-太陰　丙干　天同-廉貞　丁干　太陰-巨門
戊干　貪狼-天機　己干　武曲-文曲
庚干　太陽-天同　辛干　巨門-文昌　壬干　天梁-武曲　癸干　破軍-貪狼</td>
<td>天文紅
府曲鸞
旺廟旺

病符　　113～122　　冠帶
息神　　　　　　　辛
貫索　　父母宮　　酉</td>
</tr>
<tr>
<td>武七左天天天天咸天
曲殺輔喜官福使池德
利旺陷旺旺平平平平

青龍　　53～62　　墓
咸池　　　　　　　乙
天德　　疾厄宮　　卯</td>
<td>太龍華
陰池蓋
旺陷平
權
喜神　　103～112　　沐浴
華蓋　　　　　　　壬
官符　　福德宮　　戌</td>
</tr>
<tr>
<td>天天八天天蜚
同梁座才月廉
利廟廟廟

小耗　　63～72　　絕
指背　　　　　　　甲
白虎　　遷移宮　　寅</td>
<td>天天恩天大龍
相魁光傷耗德
廟旺廟平平

將軍　　73～82　　胎
天煞　　　　　　　乙
龍德　　交友宮　　丑</td>
<td>巨天三天截旬天天
門姚臺壽空空哭虛
旺陷平平陷陷平陷

奏書　　83～92　　養
災煞　　　　　　　甲
歲破　　官祿宮　　子</td>
<td>廉貪右臺天劫月
貞狼弼輔巫煞德
陷陷平
祿科
飛廉　　93～102　　長生
劫煞　　　　　　　癸
小耗　　田宅宮　　亥</td>
</tr>
</table>

【疾厄宮吉凶分析】

1、疾厄宮武曲、七殺、天喜、天官、天福、天使、咸池、天德星，照天府、文曲、紅鸞星。

2、七殺、天使、天喜、咸池、天德、天府、文曲、紅鸞星，說明：婦科病、子宮病症、會有手術等。

3、武曲、七殺、天官、天福、天使星，說明：外傷、意外傷害、驚嚇、失眠、驚悸等。

4、武曲、七殺、天官、天使、天府、文曲、紅鸞星，說明：會有手術開刀性質的疾病。

5、武曲、七殺星，說明：疾病會突然發生，並且迅速嚴重。

6、天使、天府、文曲星，說明：會有心理疾病、鬱悶、想很多等。

【疾厄宮吉凶判斷】

所以，疾厄宮星情較差，會有子宮等婦科疾病、心理疾病、意外傷害等。

【事實情況】命主是女博士，內向，多愁善感。有子宮肌瘤，刷牙會出血，不失眠但是多夢，2018因受驚嚇，患上焦慮症，一直到2019年還沒有恢復。

例題 3

<table>
<tr>
<td>武破龍天天天
曲軍池使巫哭
平平陷平　不
臨官
伏兵
指背　55～64　辛
官符　疾厄宮　巳</td>
<td>太文封天截咸大月
陽昌誥廚空池耗德
旺陷　　廟陷旺
身宮
冠帶
大耗
咸池　45～54　壬
小耗　財帛宮　午</td>
<td>天火地三八天天
府星空臺座壽虛
廟利平廟平旺陷
沐浴
病符
月煞　35～44　癸
歲破　子女宮　未</td>
<td>天太文天天恩天解龍
機陰曲鉞喜光福神德
得利得廟旺平廟不
祿忌
長生
喜神
亡神　25～34　甲
龍德　夫妻宮　申</td>
</tr>
<tr>
<td>天左擎天
同輔羊官
平廟廟旺
帝旺
官府
天煞　65～74　庚
貫索　遷移宮　辰</td>
<td colspan="2" rowspan="2">乾造 乙 己 乙 庚 (日空寅、卯)
丑 卯 巳 辰

甲干 廉貞-太陽　乙干 天機-太陰　丙干 天同-廉貞　丁干 太陰-巨門
戊干 貪狼-天機　己干 武曲-文曲
庚干 太陽-天同　辛干 巨門-文昌　壬干 天梁-武曲　癸干 破軍-貪狼</td>
<td>紫貪天鳳蜚年
微狼刑閣廉解
旺利廟廟　旺
科
養
飛廉
將星　15～24　乙
白虎　兄弟宮　酉</td>
</tr>
<tr>
<td>祿地天
存劫傷
廟平陷
衰
博士
災煞　75～84　己
喪門　交友宮　卯</td>
<td>巨右天臺天旬寡天
門弼貴輔月空宿德
陷廟旺　陷陷廟
胎
奏書
攀鞍　5～14　丙
天德　命宮　戌</td>
</tr>
<tr>
<td>陀鈴紅天孤陰劫
羅星鸞空辰煞煞
陷廟旺陷平
病
力士
劫煞　85～94　戊
晦氣　官祿宮　寅</td>
<td>廉七天破華
貞殺姚碎蓋
利廟平陷陷
死
青龍
華蓋　95～104　己
歲建　田宅宮　丑</td>
<td>天天
梁魁
廟旺
權
墓
小耗
息神　105～114　戊
病符　福德宮　子</td>
<td>天天天
相馬才
得平廟
絕
將軍
歲驛　115～124　丁
弔客　父母宮　亥</td>
</tr>
</table>

【疾厄宮吉凶分析】

1、疾厄宮武曲、破軍、天使、天巫、天哭星，照天相、天才星。

2、破軍、天使、天巫、天哭星，說明：容易有疑難雜症，疾病經年難治癒。

3、武曲、破軍、天使、天巫、天哭星，說明：容易患肛腸、皮膚方面的疾病。

4、破軍、天使、天巫、天哭、天相、天才星，說明：容易患皮膚、下肢方面的疾病。

5、武曲、破軍、天哭星，說明：會破損，或者脫落等。

6、天使、天巫、天哭星，說明：很苦惱，搞得神經質等。

【疾厄宮吉凶判斷】

所以，疾厄宮星情一般，不會有很大的疾病，但是會有疑難雜症，注意肛腸和皮膚下肢部位。

【事實情況】命主被皰疹病困擾十多年，長在手上，看過中西醫都不根除，一直到2018年才痊癒。

例題 4

<table>
<tr>
<td>太祿火天天封天天孤劫
陰存星喜姚誥巫空辰煞
陷廟得廟平　　廟陷
權
博士
劫煞　22~31　絕 丁
晦氣　福德宮　巳</td>
<td>貪右擎三鳳天蜚陰年
狼弼羊臺閣廚廉煞解
旺旺陷旺平　　廟
祿科
力士
災煞　32~41　胎 戊
喪門　田宅宮　午</td>
<td>天巨文文天天天
同門昌曲鉞才月
不不利旺旺平
青龍
天煞　42~51　養 己
貫索　官祿宮　未</td>
<td>武天左地八龍天
曲相輔空座池傷
得廟平廟廟平平
小耗
指背　52~61　長生 庚
官符　交友宮　申</td>
</tr>
<tr>
<td>廉天陀恩天華
貞府羅光貴蓋
利廟廟廟旺廟
官府
華蓋　12~21　墓 丙
歲建　父母宮　辰</td>
<td colspan="2" rowspan="2">乾造 戊 戊 壬 癸 (日空子、丑)
　　 辰 午 戌 卯

甲干 廉貞-太陽　乙干 天機-太陰　丙干 天同-廉貞　丁干 太陰-巨門
戊干 貪狼-天機　己干 武曲-文曲
庚干 太陽-天同　辛干 巨門-文昌　壬干 天梁-武曲　癸干 破軍-貪狼</td>
<td>太天臺咸月
陽梁輔池德
平得　平
身宮
將軍　沐浴
咸池　62~71　辛
小耗　遷移宮　酉</td>
</tr>
<tr>
<td>天天
官福
旺平
伏兵
息神　2~11　死 乙
病符　命 宮　卯</td>
<td>七天旬天
殺使空虛
廟陷陷陷
奏書
月煞　72~81　冠帶 壬
歲破　疾厄宮　戌</td>
</tr>
<tr>
<td>破地天天
軍劫馬哭
得平旺平
大耗
歲驛　112~121　病 甲
弔客　兄弟宮　寅</td>
<td>天鈴天天寡破天
魁星刑壽宿碎德
旺得陷廟平陷廟
病符
攀鞍　102~111　衰 乙
天德　夫妻宮　丑</td>
<td>紫解截
微神空
平廟陷
喜神
將星　92~101　帝旺 甲
白虎　子女宮　子</td>
<td>天紅大龍
機鸞耗德
平廟陷
忌
飛廉
亡神　82~91　臨官 癸
龍德　財帛宮　亥</td>
</tr>
</table>

【疾厄宮吉凶分析】

1、疾厄宮七殺、天使、旬空、天虛星，照天府、陀羅、恩光、天貴、華蓋星。

2、天使、旬空、天虛、陀羅星，說明：會有久治不癒、經年之病症，虛病、神經方面、心理方面等。

3、七殺、天使、旬空、天虛、陀羅星，說明疾病比較嚴重、難以正常生活或者工作。

4、天府、陀羅、七殺星，說明：慢性病、意外傷害、肚腹疾病等。

5、天使、旬空、天虛、天府、陀羅、恩光星，說明：情緒低落，壓抑、對任何事情都沒有興趣。

6、天府、陀羅、華蓋星，說明：孤僻症、孤獨症等類似的疾病。

【疾厄宮吉凶判斷】：所以，疾厄宮星情凶惡，會患上經年不能治癒的疾病，病程長，無法正常工作，比如心理疾病、意外傷害、肚腹疾病等。

【事實情況】命主從高中畢業開始，患上抑鬱症，在家養病，沒工作，這情況一直到2019年。

例題 5

<table>
<tr>
<td>太右文天
陽弼昌馬
旺平廟平

臨官
伏兵
歲驛 95～104 辛
弔客 田宅宮 巳</td>
<td>破地天天天截
軍空姚貴廚空
廟廟平廟　廟

冠帶
大耗
息神 85～94 壬
病符 官祿宮 午</td>
<td>天三八天天封華
機臺座壽傷誥蓋
陷廟平旺陷　陷
祿
沐浴
病符
華蓋 75～84 癸
歲建 交友宮 未</td>
<td>紫天天紅天天天孤劫
微府鉞鸞福巫空辰煞
旺得廟廟廟　旺平
科
長生
喜神
劫煞 65～74 甲
晦氣 遷移宮 申</td>
</tr>
<tr>
<td>武擎地天旬寡陰天
曲羊劫官空宿煞德
廟廟陷旺陷陷　廟

帝旺
官府
攀鞍 105～114 庚
天德 福德宮 辰</td>
<td colspan="2" rowspan="2">乾造 乙 癸 乙 辛（日空子、丑）
　　 未 未 卯 巳

甲干 廉貞-太陽　乙干 天機-太陰　丙干 天同-廉貞　丁干 太陰-巨門
戊干 貪狼-天機　己干 武曲-文曲
庚干 太陽-天同　辛干 巨門-文昌　壬干 天梁-武曲　癸干 破軍-貪狼</td>
<td>太左文天天
陰輔曲才使
旺陷廟旺陷
忌
養
飛廉
災煞 55～64 乙
喪門 疾厄宮 酉</td>
</tr>
<tr>
<td>天祿鈴鳳天蜚年
同存星閣月廉解
平廟利旺　　廟

衰
博士
將星 115～124 己
白虎 父母宮 卯</td>
<td>貪
狼
廟

胎
奏書
天煞 45～54 丙
貫索 財帛宮 戌</td>
</tr>
<tr>
<td>七陀火天天恩龍
殺羅星喜刑光德
廟陷廟廟廟平

病
力士
亡神 5～14 戊
龍德 命 宮 寅</td>
<td>天天破
梁虛碎
旺廟陷
權
死
青龍
月煞 15～24 己
歲破 兄弟宮 丑</td>
<td>廉天天解咸大月
貞相魁神池耗德
平廟旺廟陷旺
身宮
墓
小耗
咸池 25～34 戊
小耗 夫妻宮 子</td>
<td>巨龍蓋天
門池輔哭
旺旺　平

絕
將軍
指背 35～44 丁
官符 子女宮 亥</td>
</tr>
</table>

【疾厄宮吉凶分析】

1、疾厄宮太陰化忌、左輔、文曲、天才、天使星，加會太陽、文昌星，天梁、天虛星。

2、太陰化忌、左輔、太陽、天梁星，說明：容易有車禍、眼睛、脖子、耳朵等疾病。

3、太陰化忌、左輔、文曲、天才、天使、文昌星，天虛星，說明：容易有大腦、頭部、神經、智力、眼睛等方面的疾病。

4、太陰化忌、天使、太陽星，說明：疾病來勢兇猛，速度很快等。

5、太陰化忌、文曲、天才、天使、太陽、文昌星，說明：一生會遭遇生命交關的險情。

【疾厄宮吉凶判斷】

所以，疾厄宮星情凶惡，一生多坎坷，疾病或者意外較多，會遭遇生命交關的險情，多注意眼睛、頭部、大腦和神經等方面的問題。

【事實情況】命主 2018 年患腦炎，被醫生下達了病危通知書，花了幾萬才救回來。同一年孩子又被車子撞到頭部住院，肇事司機逃逸，讓孩子的父母負債累累。

例題6

<table>
<tr>
<td>天右陀鳳天年
同弼羅閣使解
廟平陷廟平旺
臨官
官府 76～85 己
指背
歲建 疾厄宮 巳</td>
<td>武天祿天天咸
曲府存姚空池
旺旺廟平廟陷
祿
帝旺
博士 86～95 庚
咸池
晦氣 財帛宮 午</td>
<td>太太擎鈴蜚
陽陰羊星廉
得不廟利
衰
力士 96～105 辛
月煞
喪門 子女宮 未</td>
<td>貪天地天天孤
狼鉞劫巫廚辰
平廟廟 平
權
病
青龍 106～115 王
亡神
貫索 夫妻宮 申</td>
</tr>
<tr>
<td>破天八寡陰
軍喜座宿煞
旺陷旺陷
身宮
冠帶
伏兵 66～75 戊
天煞
病符 遷移宮 辰</td>
<td colspan="2" rowspan="2">坤造 己 辛 己 癸 (日空午、未)
巳 未 丑 酉

甲干 廉貞-太陽 乙干 天機-太陰 丙干 天同-廉貞 丁干 太陰-巨門
戊干 貪狼-天機 己干 武曲-文曲
庚干 太陽-天同 辛干 巨門-文昌 壬干 天梁-武曲 癸干 破軍-貪狼</td>
<td>天巨左龍天天截破
機門輔池壽官空碎
旺廟陷廟平平廟平
死
小耗 116～125 癸
將星
官符 兄弟宮 酉</td>
</tr>
<tr>
<td>天天臺天
才傷輔月
旺陷
沐浴
大耗 56～65 丁
災煞
弔客 交友宮 卯</td>
<td>紫天紅三旬大月
微相鸞臺空耗德
得得陷旺陷平
墓
將軍 6～15 甲
攀鞍
小耗 命宮 戌</td>
</tr>
<tr>
<td>廉地天天劫天
貞空刑福煞德
廟陷廟旺 平
長生
病符 46～55 丙
劫煞
天德 官祿宮 寅</td>
<td>文文恩天天華
昌曲光貴哭蓋
廟廟廟旺廟陷
忌
養
喜神 36～45 丁
華蓋
白虎 田宅宮 丑</td>
<td>七天火解龍
殺魁星神德
旺旺陷廟
胎
飛廉 26～35 丙
息神
龍德 福德宮 子</td>
<td>天天封天
梁馬誥虛
陷平 平
科
絕
奏書 16～25 乙
歲驛
歲破 父母宮 亥</td>
</tr>
</table>

【疾厄宮吉凶分析】

1、疾厄宮天同、右弼、陀羅、鳳閣、天使星，合貪狼、天鉞、地劫、天巫星。

2、右弼、陀羅、天使、地劫、天巫、天鉞星，說明：不是一種毛病、疑難雜症、暗病、病程經年。

3、天同、貪狼、鳳閣星，說明：泌尿系統、食道、內分泌系統疾病。

4、天同、右弼、貪狼、天鉞、天巫星，說明：一生與醫生打交道多，也能遇到好醫生。

5、天同、右弼、天使、天鉞、天巫星，說明：適合信仰宗教，能減輕疾厄宮的不利。

【疾厄宮吉凶判斷】

所以，疾厄宮星情較好，不會有很大疾病，或者說總會遇到好醫生，一生與醫生有緣份。多注意生殖泌尿系統和內分泌方面的暗病。

【事實情況】

命主2019年一直都在生病，沒斷過，甲狀腺出問題了。

例題7

廉貪右文天 貞狼弼昌馬 陷陷平廟平 伏兵　臨官 歲驛　95～104　辛 弔客　田宅宮　巳	巨地天八天截 門空姚座廚空 旺廟平旺　廟 大耗　冠帶 息神　85～94　壬 病符　官祿宮　午	天天天天封華 相貴壽傷誥蓋 得旺旺陷　陷 病符　沐浴 華蓋　75～84　癸 歲建　交友宮　未	天天天紅三天天天孤劫 同梁鉞鸞臺福巫空辰煞 旺陷廟廟旺廟　旺平 權 喜神　長生 劫煞　65～74　甲 晦氣　遷移宮　申
太擎地天旬寡陰天 陰羊劫官空宿煞德 陷廟陷旺陷陷　廟 忌 官府　帝旺 攀鞍　105～114　庚 天德　福德宮　辰	乾造　乙　癸　甲　戊(日空寅、卯) 　　　未　未　辰　辰 甲干 廉貞-太陽　乙干 天機-太陰　丙干 天同-廉貞　丁干 太陰-巨門 戊干 貪狼-天機　己干 武曲-文曲 庚干 太陽-天同　辛干 巨門-文昌　壬干 天梁-武曲　癸干 破軍-貪狼		武七左文天天 曲殺輔曲才使 利旺陷廟旺陷 飛廉　養 災煞　55～64　乙 喪門　疾厄宮　酉
天祿鈴恩鳳天蜚年 府存星光閣月廉解 得廟利廟旺　廟 博士　衰 將星　115～124　己 白虎　父母宮　卯			太 陽 不 奏書　胎 天煞　45～54　丙 貫索　財帛宮　戌
陀火天天龍 羅星喜刑德 陷廟廟廟 力士　病 亡神　5～14　戊 龍德　命宮　寅	紫破天破 微軍虛碎 廟旺廟陷 科 青龍　死 月煞　15～24　己 歲破　兄弟宮　丑	天天解咸大月 機魁神池耗德 廟旺廟陷旺 祿 身宮 小耗　墓 咸池　25～34　戊 小耗　夫妻宮　子	龍臺天 池輔哭 旺　平 將軍　絕 指背　35～44　丁 官符　子女宮　亥

【疾厄宮吉凶分析】

1、疾厄宮武曲、七殺、左輔、文曲、天才、天使星，照天府、祿存、恩光、鳳閣、天月星。

2、七殺、左輔、文曲、天使、祿存、鳳閣、天月星，說明：容易經年身體不好，多病體質、不只一種毛病。

3、武曲、七殺、天使、

天月星，說明：會遭遇手術類疾病。

4、武曲、七殺、天使、祿存、鳳閣、天月星，說明：會有呼吸系統、肺部、支氣管、肛腸方面疾病。

5、武曲、七殺、文曲、天使、天府、祿存、鳳閣、天月星，說明：會有腸道、肚腹方面的疾病。

【疾厄宮吉凶判斷】

所以，疾厄宮星情差，容易發生腸胃、呼吸系統的疾病，體質一直不太好等。

【事實情況】

命主從小到大一直多病，都是上呼吸道感染、支氣管炎、肺炎等，2017年患疝氣，腸子掉到腹股溝了，動手術。去醫院檢查什麼元素都不缺，就是身體太糟糕，父母很是苦惱。基本每個月都會生病，都會去掛吊瓶，幼稚園學習都顧不上了。

例題8

<table>
<tr>
<td>天天天天天破
梁鉞姚使巫碎
得旺平平　陷
祿
飛廉　長生
亡神　74～83　乙
病符　疾厄宮　巳</td>
<td>七右天陰
殺弼福煞
旺旺平
喜神　沐浴
將星　84～93　丙
歲建　財帛宮　午</td>
<td>地天天天
劫貴月空
平旺　陷
病符　冠帶
攀鞍　94～103　丁
晦氣　子女宮　未</td>
<td>廉左天天旬孤
貞輔馬壽空辰
廟平旺旺廟平
科
大耗　臨官
歲驛　104～113　戊
喪門　夫妻宮　申</td>
</tr>
<tr>
<td>紫天三鳳天寡年
微相臺閣才宿解
得得廟陷陷陷廟
權
奏書　養
月煞　64～73　甲
弔客　遷移宮　辰</td>
<td colspan="2" rowspan="2">乾造　壬　丙　庚　甲（日空戌、亥）
　　　午　午　午　申

甲干　廉貞-太陽　乙干　天機-太陰　丙干　天同-廉貞　丁干　太陰-巨門
戊干　貪狼-天機　己干　武曲-文曲
庚干　太陽-天同　辛干　巨門-文昌　壬干　天梁-武曲　癸干　破軍-貪狼</td>
<td>火紅恩天
星鸞光廚
得旺陷
伏兵　帝旺
息神　114～123　己
貫索　兄弟宮　酉</td>
</tr>
<tr>
<td>天巨天地天天截咸天
機門魁空喜傷空池德
旺廟廟平旺陷平平平
將軍　胎
咸池　54～63　癸
天德　交友宮　卯</td>
<td>破陀八龍天封華
軍羅座池官誥蓋
旺廟平陷平　平
官府　衰
華蓋　4～13　庚
官符　命宮　戌</td>
</tr>
<tr>
<td>貪文臺蜚
狼昌輔廉
平陷
身宮
小耗　絕
指背　44～53　壬
白虎　官祿宮　寅</td>
<td>太太天大龍
陽陰刑耗德
不廟陷平
青龍　墓
天煞　34～43　癸
龍德　田宅宮　丑</td>
<td>武天文擎解天天
曲府曲羊神哭虛
旺廟得陷廟平陷
忌
力士　死
災煞　24～33　壬
歲破　福德宮　子</td>
<td>天祿鈴劫月
同存星煞德
廟廟利
博士　病
劫煞　14～23　辛
小耗　父母宮　亥</td>
</tr>
</table>

【疾厄宮吉凶分析】

1、疾厄宮天梁化祿、天鉞、天姚、天使、天巫、破碎星，照天同、祿存、劫煞、月德星。

2、天使、天巫、破碎、天同、祿存、劫煞星，說明：會因為疾病花很多錢、病程較長的疾病、一生與醫生打交道較多。

3、天梁化祿、天使、天巫、天同、祿存、劫煞星，說明：容易患腸胃系統、泌尿系統、神經系統、脊柱、大腦方面疾病。

4、天梁化祿、天使、天巫、天同星，說明：會患上多種疾病，或者綜合併發症，會去多個地點就醫、遺傳性疾病等。

5、天梁化祿、天鉞、天使、天巫、天同、劫煞、月德星，說明：遇到的醫生技術不高，或者患病為醫學難題等情況。

【疾厄宮吉凶判斷】

所以，疾厄宮星情較差，會遇到經年不能治癒的疾病，與醫生打交道多，但是醫生或者醫療系統能力有限。

【事實情況】

命主免疫力下降導致全身性骨骼炎症，無法治癒，只能控制，是醫療難題。醫生說是天生的，跟基因有關。

例題 9

<table>
<tr>
<td>天天天天破
府刑巫廚碎
得陷　　陷

小耗　　　絕
亡神　42～51　己
病符　官祿宮　巳</td>
<td>天太天
同陰傷
陷不陷

將軍　　　胎
將星　52～61　庚
歲建　交友宮　午</td>
<td>武貪天三八恩天天天天
曲狼鉞臺座光貴才官空
廟廟旺廟平旺旺平廟陷
科
身宮
奏書　　　養
攀鞍　62～71　辛
晦氣　遷移宮　未</td>
<td>太巨地天天截孤
陽門劫馬使空辰
得廟廟旺平廟平
忌

飛廉　　　長生
歲驛　72～81　壬
喪門　疾厄宮　申</td>
</tr>
<tr>
<td>鳳解旬寡年
閣神空宿解
陷廟陷陷廟

青龍　　　墓
月煞　32～41　戊
弔客　田宅宮　辰</td>
<td colspan="2" rowspan="2">乾造　甲　甲　乙　乙(日空寅、卯)
　　　午　戌　巳　酉

甲干　廉貞-太陽　乙干　天機-太陰　丙干　天同-廉貞　丁干　太陰-巨門
戊干　貪狼-天機　己干　武曲-文曲
庚干　太陽-天同　辛干　巨門-文昌　壬干　天梁-武曲　癸干　破軍-貪狼</td>
<td>天紅天天
相鸞姚福
陷旺廟廟

喜神　　　沐浴
息神　82～91　癸
貫索　財帛宮　酉</td>
</tr>
<tr>
<td>廉破擎天臺咸天
貞軍羊喜輔池德
平陷陷旺　平平
祿權

力士　　　死
咸池　22～31　丁
天德　福德宮　卯</td>
<td>天天火龍陰華
機梁星池煞蓋
利廟廟陷　平

病符　　　冠帶
華蓋　92～101　甲
官符　子女宮　戌</td>
</tr>
<tr>
<td>右祿地天蜚
弼存空月廉
旺廟陷

博士　　　病
指背　12～21　丙
白虎　父母宮　寅</td>
<td>文文天陀天大龍
昌曲魁羅壽耗德
廟廟旺廟廟平

官府　　　衰
天煞　2～11　丁
龍德　命　宮　丑</td>
<td>左鈴天天
輔星哭虛
旺陷平陷

伏兵　　　帝旺
災煞　112～121　丙
歲破　兄弟宮　子</td>
<td>紫七封劫月
微殺誥煞德
旺平

大耗　　　臨官
劫煞　102～111　乙
小耗　夫妻宮　亥</td>
</tr>
</table>

【疾厄宮吉凶分析】

1、疾厄宮太陽化忌、巨門、地劫、天馬、天使、截空、孤辰星，合天府、天巫、天廚星。

2、巨門、地劫、截空、天府，說明：會因為疾病花很多錢。

3、巨門、天府、天廚星，說明：會患腸胃、肚腹方面疾病。

4、太陽化忌、巨門、地劫、天馬、截空、天府星，說明：容易患心血管疾病、心臟病、神經系統疾病。

5、太陽化忌、巨門、地劫、天馬、天使、截空、孤辰星，說明：容易因為疾病造成出行困擾、腦血栓類型的疾病、車禍等。

【疾厄宮吉凶判斷】

所以，疾厄宮星情差，一生會患腸胃、心血管、血栓等方面疾病。老年多注意養生和保健。

【事實情況】命主2014年胃部長腫瘤而動手術。2018年又患腦血栓，住院自費，破財十幾萬。

例題 10

<table>
<tr>
<td>天左天天破劫月
相輔廚月碎煞德
得平　　陷

大耗　　　　　臨官
劫煞　15～24　己
小耗　兄弟宮　巳</td>
<td>天天天天
梁才哭虛
廟旺陷平

病符　　　　　冠帶
災煞　5～14　庚
歲破　命 宮　午</td>
<td>廉七天鈴天大龍
貞殺鉞星官耗德
利廟旺利廟平
祿
喜神　　　　　沐浴
天煞　115～124　辛
龍德　父母宮　未</td>
<td>地解天截蜚
劫神巫空廉
廟不　廟

飛廉　　　　　長生
指背　105～114　壬
白虎　福德宮　申</td>
</tr>
<tr>
<td>巨龍華
門池蓋
陷廟廟

伏兵　　　　　帝旺
華蓋　25～34　戊
官符　夫妻宮　辰</td>
<td colspan="2" rowspan="2">坤造　甲　丁　丁　己 (日空子、丑)
　　　子　卯　巳　酉

甲干　廉貞-太陽　乙干　天機-太陰　丙干　天同-廉貞　丁干　太陰-巨門
戊干　貪狼-天機　己干　武曲-文曲
庚干　太陽-天同　辛干　巨門-文昌　壬干　天梁-武曲　癸干　破軍-貪狼</td>
<td>右天恩天天咸天
弼喜光貴福池德
陷廟陷廟廟平不

奏書　　　　　養
咸池　95～104　癸
天德　田宅宮　酉</td>
</tr>
<tr>
<td>紫貪擎紅蜚
微狼羊鸞輔
旺利陷廟

官府　　　　　衰
息神　35～44　丁
貫索　子女宮　卯</td>
<td>天天鳳旬寡年
同刑閣空宿解
平廟廟陷陷廟

將軍　　　　　胎
月煞　85～94　甲
弔客　官祿宮　戌</td>
</tr>
<tr>
<td>天太祿地天天三孤
機陰存空馬姚臺辰
得旺廟陷旺旺平平

博士　　　　　病
歲驛　45～54　丙
喪門　財帛宮　寅</td>
<td>天文文天陀天天
府昌曲魁羅使空
廟廟廟旺廟陷平

力士　　　　　死
攀鞍　55～64　丁
晦氣　疾厄宮　丑</td>
<td>太八天陰
陽座壽煞
陷陷平
忌　　　　　身宮
青龍　　　　　墓
將星　65～74　丙
歲建　遷移宮　子</td>
<td>武破火天封
曲軍星傷誥
平平利旺
科 權
小耗　　　　　絕
亡神　75～84　乙
病符　交友宮　亥</td>
</tr>
</table>

【疾厄宮吉凶分析】

1、疾厄宮天府、文曲、文昌、天魁、陀羅、天使、天空星，照七殺、天鉞星。

2、天魁、陀羅、天使、天鉞星，說明：身體上會帶有多種疾病、慢性病等。

3、天府、天魁、陀羅、天使、七殺、天鉞星，說明：會患有腸胃、脾胃方面疾病。

4、天府、文曲、文昌、天魁、陀羅、天使、七殺星，說明會患婦科、心理疾病、抑鬱焦慮等症。

5、文曲、文昌、天魁、陀羅、七殺、天鉞星，說明：心理緊張、恐懼、壓力大、哭泣等心態或者症狀。

【疾厄宮吉凶判斷】

所以，疾厄宮星情較好，但是會患上慢性病，主要集中在婦科、腸胃、神經或者心理疾病等。

【事實情況】命主比較內向、敏感，2008 年開始身體一直不好，主要是胃病和婦科病。2011 年開始心理有問題，抑鬱症，情緒低落想哭，失魂落魄，折磨十幾年了。

第三章 紫微斗數精簡案例

第三章 紫微斗數精簡案例

案例1 星曜名字中包含的資訊

紫微斗數的星曜命名是很特別的，這當然不是說那個時候的天文不發達，其實那個時候中國的天文事業還是世界領先的，製作這套紫微斗數體系的大師先賢他們當然知道這個星曜原本的天文學名字，但是，大師們沒有用這些名字，反而特製了一批新的名字，這是為什麼呢？因為只有這樣才能蘊含更豐富的內涵，這些星曜名的詞彙在其他學問中是很少見的，只有在紫微斗數中才出現。它包含的延伸意義太豐富了。而我們在預測實踐中，必須先清楚明白這一點，並且深刻挖掘星曜名字自身的意義，這對於我們的預測是意義巨大的。

比如說，巨門星，「巨門」這個詞單純的理解就是「巨大的門」。但是深度挖掘，「巨」可以推演出來：很多、很大、廣泛、網路、虛擬、虛幻、無邊無際等等。而「門」可以推演出：路徑、去處、大門、出行、出國、遠離、分開、死亡、丟棄、被盜、口舌、飲食、生殖系統、孔竅、洞穴等等。當我們把這兩個詞彙組合以後再次產生更多的寓意，這就是紫微斗數的神奇之處。那麼，有些同學要問了，這樣在預測中準確嗎？當然，在實際的命盤環境中只要選對了星曜的含意，那就會出現很神奇的效果。

來看下面的案例：

太陀天天 陰羅馬虛 陷陷平旺 臨官 力士 82～91 己 歲驛 歲破 官祿宮 巳	貪祿天天天龍 狼存刑傷月德 旺廟平陷 冠帶 博士 72～81 庚 息神 龍德 交友宮 午	天巨擎火天華 同門羊星哭蓋 不不廟利平陷 沐浴 官府 62～71 辛 華蓋 白虎 遷移宮 未	武天天鈴天天天天陰劫天 曲相鉞星壽使巫廚煞煞德 得廟廟陷旺平　平 長生 伏兵 52～61 壬 劫煞 天德 疾厄宮 申
廉天紅臺解旬大月 貞府鸞輔神空耗德 利廟廟　廟陷平 帝旺 青龍 92～101 戊 攀鞍 小耗 田宅宮 辰	公历：2019年11月19日19时43分，星期二。 农历：己亥年 十月 廿三日 戌时. 乾造 己 乙 庚 丙（日空子、丑） 亥 亥 申 戌 甲干 廉貞-太陽 乙干 天機-太陰 丙干 天同-廉貞 丁干 太陰-巨門 戊干 貪狼-天機 己干 武曲-文曲 庚干 太陽-天同 辛干 巨門-文昌 壬干 天梁-武曲 癸干 破軍-貪狼		太天地恩天截破 陽梁劫光官空碎 平得平陷平廟平 身宮 養 大耗 42～51 癸 災煞 弔客 財帛宮 酉
八龍 座池 平廟 衰 小耗 102～111 丁 將星 官符 福德宮 卯			七天天寡 殺喜姚宿 廟陷廟陷 胎 病符 32～41 甲 天煞 病符 子女宮 戌
破文天孤 軍曲福辰 得平旺平 忌 病 將軍 112～121 丙 亡神 貫索 父母宮 寅	左右地蜚 輔弼空廉 廟廟陷 死 奏書 2～11 丁 月煞 喪門 命宮 丑	紫文天天封天咸 微昌魁才誥空池 平得旺旺　陷陷 墓 飛廉 12～21 丙 咸池 晦氣 兄弟宮 子	天三天鳳年 機臺貴閣解 平平平旺得 絕 喜神 22～31 乙 指背 歲建 夫妻宮 亥

這個求測者問：這次考公務員是否能成功，這是求測時間盤。我們來看，求測公務員考試，一般涉及到官祿宮、命宮、遷移宮。

先看命宮有左輔右弼同度地空，這表示希望不大。

再看遷移宮擎羊火星巨門天同星，這裡的「巨門星」可以理解為變動工作地點、職務上升空間等含意。巨門同度了擎羊，等於說無法通過、無法出行、無法上任等。

再看官祿宮太陰天馬旬空截空陀羅星等，這說明無法通過考試。

後來命主回饋說：確實沒有通過，分數差距較大，筆試都沒有通過。

案例2 官祿宮與職業選擇

判斷一個人的職業傾向，對命主來說這是很重要的事情，因為這是人生的努力大方向，而判斷的時候具體看哪些宮呢？主要看官祿宮和命宮，其次參考福德宮和財帛宮。

來看下面的命例：

這個命主的命宮是天同左輔天鉞天福天虛星等，其中天同星是主星而且旺勢，那麼，我們先從這個宮位來大致推理他的生活範圍：在娛樂、藝術、日用品、醫藥、福利等為內容的事業中。

<table>
<tr>
<td>天左天天天天天
同輔鉞馬福月虛
廟平旺平旺　旺
奏書
歲驛　5~14　絕 丁
歲破　命宮　巳</td>
<td>武天天龍
曲府官德
旺旺廟
飛廉
息神　15~24　胎 戊
龍德　父母宮　午</td>
<td>太太火恩天華
陽陰星光哭蓋
得不利旺平陷
科
喜神
華蓋　25~34　養 己
白虎　福德宮　未</td>
<td>貪鈴解天劫天
狼星神巫煞德
平陷不　　平
忌
病符
劫煞　35~44　長生 庚
天德　田宅宮　申</td>
</tr>
<tr>
<td>破紅天臺大月
軍鸞才輔耗德
旺廟陷　平
祿
將軍
攀鞍　115~124　墓 丙
小耗　兄弟宮　辰</td>
<td colspan="2" rowspan="2">坤造 癸 乙 壬 庚 (日空子、丑)
　　 亥 卯 戌 戌

1命宮 2兄弟 3夫妻 4子女 5財帛 6疾厄
7遷移 8交友 9官祿 10田宅 11福德 12父母

甲干 廉貞-太陽 乙干 天機-太陰 丙干 天同-廉貞 丁干 太陰-巨門
戊干 貪狼-天機 己干 武曲-文曲
庚干 太陽-天同 辛干 巨門-文昌 壬干 天梁-武曲 癸干 破軍-貪狼</td>
<td>天巨右地天破
機門弼劫貴碎
旺廟陷平廟平
權
大耗
災煞　45~54　沐浴 辛
弔客　官祿宮　酉</td>
</tr>
<tr>
<td>天龍
魁池
廟廟
小耗
將星　105~114　死 乙
官符　夫妻宮　卯</td>
<td>紫天天天天寡
微相喜刑傷宿
得得陷廟平陷
伏兵
天煞　55~64　冠帶 壬
病符　交友宮　戌</td>
</tr>
<tr>
<td>廉文天孤
貞曲姚辰
廟平旺平
青龍
亡神　95~104　病 甲
貫索　子女宮　寅</td>
<td>擎地三八截蜚
羊空臺座空廉
廟陷廟廟不
身宮
力士
月煞　85~94　衰 乙
喪門　財帛宮　丑</td>
<td>七文祿天天封旬天咸陰
殺昌存壽使誥空空池煞
旺得廟平陷　陷陷陷
博士
咸池　75~84　帝旺 甲
晦氣　疾厄宮　子</td>
<td>天陀鳳天年
梁羅閣廚解
陷陷旺　得
官府
指背　65~74　臨官 癸
歲建　遷移宮　亥</td>
</tr>
</table>

再看官祿宮天機巨門地劫右弼，其中巨門星是最旺的，其次是天機星，那麼，他的工作是技術性強的、動用思維和邏輯的，與電腦、機車、動嘴的、出行的等有關聯的行業。

綜合以上的兩個宮位資訊，我們可以得出這樣的大概範圍：自由業、或者企業、或者單位的後勤設計性質工種等。再繼續縮小範圍：巨門和天機都廟旺，決定了他不是農民，不是產業工人，也不是官員，而是技術性強的、藝術性強的一種職業。

命主回饋說：我是設計師，工作基本在電腦前完成。

案例3 擎羊越旺越會遇到艱難險阻

星曜的含意必須結合其旺度，這是毫無異議的，但是有的老師說星曜「廟旺」時其意義會朝向好的一方面發展，包括四凶星也是如此。這樣的說法表面看是有道理的，因為據有關資料顯示宇宙的總品質和能量中包括5％的普通物質和能量、27％的暗物質和68％的暗能量，也就是說宇宙中有85％的物質不發光。所以，這樣看來能發光是難能可貴的，而星曜「廟旺」表示地球或者太陽系獲得了這個星曜的光照或者能量，這應該是好的象徵嗎？其實這個觀點忽略了一個問題，那就是這個星曜在什麼年份，以及這個星曜的基本屬性是什麼，比如壞人也有時候會做點慈善，但是他的慈善絕對是為了獲得更多回報，而不是真正的慈善。壞人在他得勢的時候會做盡壞事，並不是說他變成了好人。星曜也是一樣，它和太陽系的關係和位置一旦確定，它給地球和太陽系帶來的是好的能量還是壞的能量，這也是固定的，它越旺反而會越展示它的凶惡本性，而不是像有的老師說的：星曜在廟旺的時候「都會」顯示正面資訊。當然一個吉利的星曜，它在廟旺的時候會更加吉利，這是對的，但是不能因此一來看下面的案例：

這個命盤中，命宮天機巨門化權，但是她的官祿宮火星合七殺天貴天官星，照太陰化科擎羊廟勢。

其中天貴天貴太陰化科，應該說會有正式的學歷，但是七殺和擎羊的破壞造成她的學歷只有大專。而且她學習的是中醫針灸推拿專業，這與七殺和擎羊也是有關係的，因為命主從業中一直在使用銀針進行作業，這是七殺和擎羊之象。可見這裡的太陰化科與命宮的巨門天機並

天天天天 梁鉞馬福 旺旺平旺 食喜 龍羅 貫破　22～31 福德宮　遷丁巳	七八天天解龍 殺座貴神德 旺旺廟廟廟 飛廉 官神 弔德　32～41 田宅宮　戊午	火天華 星哭蓋 利平陷 將神 華蓋 白虎　42～51 官祿宮　己未	廣鈴天三劫天 貞星刑臺傷煞德 廟陷陷旺平　平 病符 月煞 天德　52～61 交友宮　長生 庚申
紫天紅思陰大月 微相鸞光煞耗德 旺旺廟廟　平 伏兵 攀鞍 小耗　12～21 父母宮　華丙辰	坤造 癸 乙 辛 戊 (日空戌、日) 　　亥 丑 戌 1命宮 2兄弟 3夫妻 4子女 5財帛 6疾厄 7遷移 8交友 9官祿 10田宅 11福德 12父母		地破 劫碎 平平 大耗 災煞 弔客　62～71 遷移宮　沐浴 辛酉
天巨左天龍 機門輔魁池 旺廟廟陷廟 權 小耗 將星 官符　2～11 命宮　死乙卯	甲干 廉貞-太陽　乙干 天機-太陰　丙干 天同-廉貞　丁干 太陰-巨門 戊干 貪狼-天機　己干 武曲-文曲 庚干 太陽-天同　辛干 巨門-文昌　壬干 天梁-武曲　癸干 破軍-貪狼		破天天天寡 軍喜貴宿 旺廟陷陷 伏兵 天煞 病符　72～81 疾厄宮　冠帶 壬戌
貪文天天孤 狼曲才月辰 平平廟　平 應 奏書 亡神 貫索　112～121 兄弟宮　病甲寅	太太擎地截蜚 陽陰羊空空廉 不廟陷　陷不 祿 力士 月煞 喪門　102～111 夫妻宮　衰乙丑	武天文祿天封天咸 曲府昌存姚誥空池 旺廟廟陷　陷陷陷 博士 咸池 晦氣　92～101 子女宮　帝旺 甲子	天右陀廉天天年 同弼羅閣巫廚解 廟平陷旺　陷得 官府 指背 歲建　82～91 財帛宮　臨官 癸亥　身宮

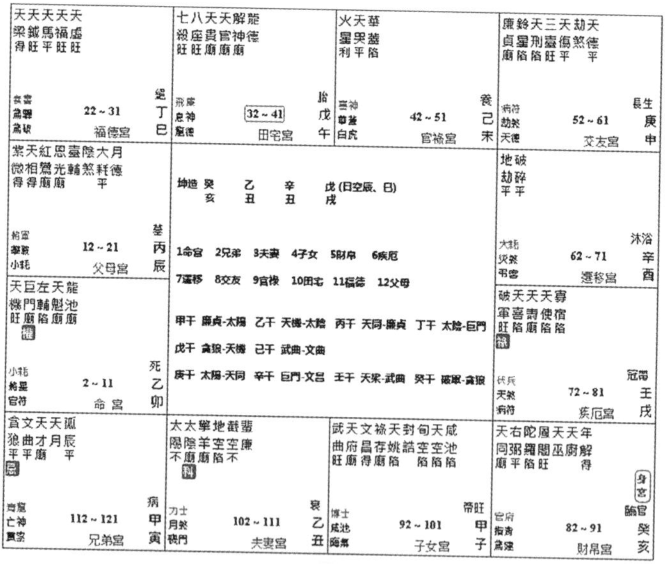

沒有改變她的學歷檔次以及從業種類。

同時，我們來看命主的婚姻宮，因為坐落了擎羊太陰化科太陽截空星，她的婚姻品質很差，命主說 2015 年吵得厲害差點離婚，2016、2017 年也一直不斷吵架，2020 年丈夫開始搞婚外情，命主經過很長時間的努力，沒有改善，2021 年提出分居。其實在婚姻宮的太陰化科表示結婚證件，遇到了廟旺的擎羊就表示這個證件會被破壞掉，太陰化科也表示花枝招展的其他女人。同宮中還有陷落的太陽星，他們的婚姻前景由此可知。

案例4 文曲化忌表示證件吊銷

來看這一對夫妻的夫妻宮：

男命夫妻宮擎羊鈴星三台八座蜚廉星，照太陰文昌文曲化忌天哭星，說明夫妻緣份會破裂。太陰文昌文曲化忌，其中，文昌文曲說明是兩個結婚證件，一個文曲化忌說明一個證件作廢了。太陰星是妻子本身，同度了文曲文昌說明猜疑心重、潔癖、小心眼、愛較真，有女人味但是心理需求太多，愛浪漫，總喜歡尋找刺激，丈夫不能滿足的時候就想入非非了，並且據此做藉口說得頭頭

<table>
<tr>
<td>天陀天鳳天年
梁羅姚閣巫解
得陷平廟　旺
科
力士　長生
指背　44～53　己
歲建　財帛宮　巳</td>
<td>七右祿天咸陰
殺弼存空池煞
旺旺廟廟陷
博士　養
咸池　34～43　庚
晦氣　子女宮　午</td>
<td>擎鈴三八天蜚
羊星臺座月廉
廟利廟平
官府　胎
月煞　24～33　辛
喪門　夫妻宮　未</td>
<td>廉左天地天天孤
貞輔鉞劫壽廚辰
廟平廟廟旺　平
伏兵　絕
亡神　14～23　壬
貫索　兄弟宮　申</td>
</tr>
<tr>
<td>紫天天天寡
微相喜使宿
得得陷陷陷
青龍　沐浴
天煞　54～63　戊
病符　疾厄宮　辰</td>
<td colspan="2" rowspan="2">乾造　己　庚　丙　丁（日空寅、卯）
　　　巳　午　午　酉
1命宮　2兄弟　3夫妻　4子女　5財帛　6疾厄
7遷移　8交友　9官祿　10田宅　11福德　12父母
甲干 廉貞-太陽　乙干 天機-太陰　丙干 天同-廉貞　丁干 太陰-巨門
戊干 貪狼-天機　己干 武曲-文曲
庚干 太陽-天同　辛干 巨門-文昌　壬干 天梁-武曲　癸干 破軍-貪狼</td>
<td>龍天截破
池官空碎
廟平廟平
大耗　墓
將星　4～13　癸
官符　命宮　酉</td>
</tr>
<tr>
<td>天巨臺
機門輔
旺廟
身宮
小耗　冠帶
災煞　64～73　丁
弔客　遷移宮　卯</td>
<td>破紅旬大月
軍鸞空耗德
旺陷陷平
病符　死
攀鞍　114～123　甲
小耗　父母宮　戌</td>
</tr>
<tr>
<td>貪地天天天劫天
狼空才福傷煞德
平陷廟旺平　平
權
將軍　臨官
劫煞　74～83　丙
天德　交友宮　寅</td>
<td>太太文文天天華
陽陰昌曲刑哭蓋
不廟廟廟陷廟陷
忌
奏書　帝旺
華蓋　84～93　丁
白虎　官祿宮　丑</td>
<td>武天天火解龍
曲府魁星神德
旺廟旺陷廟
祿
飛廉　衰
息神　94～103　丙
龍德　田宅宮　子</td>
<td>天天恩天封天
同馬光貴誥虛
廟平不平　平
喜神　病
歲驛　104～113　乙
歲破　福德宮　亥</td>
</tr>
</table>

是道。

再來看這個女命：

女命夫妻宮是擎羊鈴星蜚廉地空星，照武曲化祿貪狼化權，說明夫妻緣份被肆意的分解。貪狼和武曲都是行動性質很強的星曜，加上擎羊，那就沒有阻擋了，說離就離吧！腦子一發熱就去做了。武曲化祿也說明丈夫原本是能掙錢的。貪狼化權說明有點任性和囂張。武曲貪狼也說明丈夫長相還可以。天哭蜚廉星說明很苦惱、糾紛多。

流年 2020 年庚子：

<table>
<tr>
<td>紫七陀鳳年
微殺羅閣解
旺平陷廟旺
身宮
長生
官府
指背 84~93 己
歲建 財帛宮 巳</td>
<td>文祿三封解天咸
昌存臺誥神空池
陷廟旺 廟廟陷
沐浴
博士
咸池 94~103 庚
晦氣 子女宮 午</td>
<td>擎火地蜚
羊星空廉
廟利平
冠帶
力士
月煞 104~113 辛
喪門 夫妻宮 未</td>
<td>文天天八恩天孤
曲鉞刑座光廚辰
得廟陷廟平 平
忌
臨官
青龍
亡神 114~123 壬
貫索 兄弟宮 申</td>
</tr>
<tr>
<td>天天天天寡陰
機梁喜使宿煞
利廟陷陷陷
科
養
伏兵
天煞 74~83 戊
病符 疾厄宮 辰</td>
<td colspan="2" rowspan="2">坤造 己 丁 丁 甲 (日空申、酉)
巳 丑 丑 辰

1命宮 2兄弟 3夫妻 4子女 5財帛 6疾厄
7遷移 8交友 9官祿 10田宅 11福德 12父母

甲干 廉貞-太陽 乙干 天機-太陰 丙干 天同-廉貞 丁干 太陰-巨門
戊干 貪狼-天機 己干 武曲-文曲
庚干 太陽-天同 辛干 巨門-文昌 壬干 天梁-武曲 癸干 破軍-貪狼</td>
<td>廉破龍天截破
貞軍池官空碎
平陷廟平廟平
帝旺
小耗
將星 4~13 癸
官符 命宮 酉</td>
</tr>
<tr>
<td>天左地
相輔劫
陷陷平
胎
大耗
災煞 64~73 丁
弔客 遷移宮 卯</td>
<td>紅天天臺旬大月
鸞貴壽輔空耗德
陷旺廟 陷平
衰
將軍
攀鞍 14~23 甲
小耗 父母宮 戌</td>
</tr>
<tr>
<td>太巨鈴天天天天劫天
陽門星才福傷月煞德
旺廟廟廟旺平 平
絕
病符
劫煞 54~63 丙
天德 交友宮 寅</td>
<td>武貪天華
曲狼哭蓋
廟廟廟陷
祿權
墓
喜神
華蓋 44~53 丁
白虎 官祿宮 丑</td>
<td>天太天天龍
同陰魁姚德
旺廟旺陷
死
飛廉
息神 34~43 丙
龍德 田宅宮 子</td>
<td>天右天天天
府弼馬巫虛
得平平 平
病
奏書
歲驛 24~33 乙
歲破 福德宮 亥</td>
</tr>
</table>

男命夫妻宮落在亥位，天同化忌，說明夫妻成為平行線了，沒有交集了，離婚了。

女命呢，夫妻宮在這一年落在卯位，天相星陷落同度地劫左輔陷落，說明很無助，和丈夫的文件（結婚證書）陷落了、合約失去了效力，也就是離婚了。

案例5 貪狼星亦吉亦凶

貪狼的星情很複雜，聰明伶俐、愛好廣泛、豪爽、多才多藝、銳意進取。但是妒忌心強、兇狠、貪婪成性、風流、不能控制自我感情、好投機。所以主要看它同度和會照的星曜的引導。

來看下面的案例：

我們上面說了，貪狼的星情很複雜，主要看同度和會照了什麼星曜。本命盤貪狼同度了陀羅星，這個貪狼的星情一下降低了檔次，陀羅引導出很多反面意義，讓這個貪狼變得很貪婪、好投

<table>
<tr>
<td>巨祿天孤
門存官辰
旺廟旺陷
博士
亡神 12～21 絕 癸
貫索 父母宮 巳</td>
<td>廉天擎龍天解陰
貞相羊池才神煞
平廟陷不旺廟
忌
力士
將星 22～31 胎 甲
官符 福德宮 午</td>
<td>天地天天月
梁劫喜刑德
旺平陷陷
青龍
攀鞍 32～41 養 乙
小耗 田宅宮 未</td>
<td>七天蜚天年
殺馬廉虛解
廟旺不廟利
身宮
小耗
歲驛 42～51 長生 丙
歲破 官祿宮 申</td>
</tr>
<tr>
<td>貪陀三截天
狼羅臺空哭
廟廟廟陷平
官府
月煞 2～11 墓 壬
喪門 命宮 辰</td>
<td colspan="2" rowspan="2">乾造 丙 己 壬 戊(日空申、酉)
寅 亥 午 申

1命宮 2兄弟 3夫妻 4子女 5財帛 6疾厄
7遷移 8交友 9官祿 10田宅 11福德 12父母

甲干 廉貞-太陽 乙干 天機-太陰 丙干 天同-廉貞 丁干 太陰-巨門
戊干 貪狼-天機 己干 武曲-文曲
庚干 太陽-天同 辛干 巨門-文昌 壬干 天梁-武曲 癸干 破軍-貪狼</td>
<td>天天火天破大龍
同鉞星傷碎耗德
平廟得平平不
祿
將軍
息神 52～61 沐浴 丁
龍德 交友宮 酉</td>
</tr>
<tr>
<td>太地恩天咸
陰空光空池
陷平廟平平
伏兵
咸池 112～121 死 辛
晦氣 兄弟宮 卯</td>
<td>武八天封天旬蜚華
曲座壽誥月空廉蓋
廟平廟 陷 平
奏書
華蓋 62～71 冠帶 戊
白虎 遷移宮 戌</td>
</tr>
<tr>
<td>紫天左文臺天
微府輔昌輔巫
旺廟廟陷
科
大耗
指背 102～111 病 庚
歲建 夫妻宮 寅</td>
<td>天紅天寡
機鸞貴宿
陷陷旺平
權
病符
天煞 92～101 衰 辛
病符 子女宮 丑</td>
<td>破右文天天
軍弼曲福廚
廟廟得平
喜神
災煞 82～91 帝旺 庚
弔客 財帛宮 子</td>
<td>太天鈴天天劫天
陽魁星姚使煞德
陷旺利陷旺 平
飛廉
劫煞 72～81 臨官 己
天德 疾厄宮 亥</td>
</tr>
</table>

機甚至賭博，好娛樂、無法控制自己、信用度降低、被排擠等。

同時，這個命主的命宮貪狼同度了陀羅星，照武曲星封誥蜚廉星。貪狼武曲星組合說明對經濟和金融財經之類有過度敏感，容易投機冒進。

實際上命主早年就愛好電動遊戲，後來愛好競彩、體彩，以致於後來參與賭博負債累累。

另外，他的官祿宮七殺照天府紫微星，只是紫微星較弱，所以命主的職業是娛樂行業，不過單位屬於國企性質。不過命主的夫妻宮天府文昌天馬左輔星，說明妻子還是賢慧的，只要他能多聽妻子的意見，一般能度過難關。

案例6　紫微星較弱的時候

紫微斗數，這套學問以紫微星命名，但是這不表示「紫微星」本身在整個體系中有多厲害多特殊，它同樣也需要看旺衰，一旦弱勢就會變成負面的意義，尤其是在同度了邪惡的星曜的時候。

來看下面的案例：

這個命主的紫微星在疾厄宮，照父母宮，父母宮坐災煞天虛截空星，本來要是能照紫微星會好一些，但是我們來看紫微星所處的宮在卯位，紫微星五行

<table>
<tr>
<td>天陀天天孤蜚破
相羅馬貴辰廉碎
得陷平平陷　陷

力士　長生
歲驛　34~43　己
喪門　子女宮　巳</td>
<td>天文祿天封解陰
梁昌存喜誥神煞
廟陷廟廟　廟
科
博士　養
息神　24~33　庚
貫索　夫妻宮　午</td>
<td>廉七擎地天龍鳳天年華
貞殺羊空刑池閣壽解蓋
利廟廟平陷廟陷旺得陷

官府　胎
華蓋　14~23　辛
官符　兄弟宮　未</td>
<td>文天天旬大劫月
曲鉞廚空耗煞德
得廟　廟陷
忌
伏兵　絕
劫煞　4~13　壬
小耗　命宮　申</td>
</tr>
<tr>
<td>巨天
門空
陷廟
身宮
青龍　沐浴
攀鞍　44~53　戊
晦氣　財帛宮　辰</td>
<td colspan="2" rowspan="2">乾造　己　丙　甲　戊（日空寅、卯）
　　　卯　子　辰　辰

1命宮　2兄弟　3夫妻　4子女　5財帛　6疾厄
7遷移　8交友　9官祿　10田宅　11福德　12父母

甲干　廉貞-太陽　乙干　天機-太陰　丙干　天同-廉貞　丁干　太陰-巨門
戊干　貪狼-天機　己干　武曲-文曲
庚干　太陽-天同　辛干　巨門-文昌　壬干　天梁-武曲　癸干　破軍-貪狼</td>
<td>天截天
官空虛
平廟旺

大耗　墓
災煞　114~123　癸
歲破　父母宮　酉</td>
</tr>
<tr>
<td>紫貪地恩天天
微狼劫光使哭
旺利平廟平廟
權
小耗　冠帶
將星　54~63　丁
歲建　疾厄宮　卯</td>
<td>天臺天龍
同輔月德
平

病符　死
天煞　104~113　甲
龍德　福德宮　戌</td>
</tr>
<tr>
<td>天太左鈴八天天
機陰輔星座福巫
得旺廟廟廟旺

將軍　臨官
亡神　64~73　丙
病符　遷移宮　寅</td>
<td>天火天寡
府星傷宿
廟得平平

奏書　帝旺
月煞　74~83　丁
弔客　交友宮　丑</td>
<td>太右天紅三咸天
陽弼魁鸞臺池德
陷廟旺廟平陷廟

飛廉　衰
咸池　84~93　丙
天德　官祿宮　子</td>
<td>武破天天
曲軍姚才
平平陷廟
祿
喜神　病
指背　94~103　乙
白虎　田宅宮　亥</td>
</tr>
</table>

為土，貪狼星為水木五行，貪狼星剋紫微星五行，而且命主屬相為卯木兔，總之紫微星的分值不旺，同度了天哭星，說明在父親這個人身上會有讓命主很苦惱的事情，較少受父親的關愛。

再看父母宮的官祿宮，在丑位火星天傷吊客天府星，照擎羊七殺，說明官府記錄中有命主父親重大生命危險或者壽命不長的情況。

實際上命主少小就失去了父親，父親去世早。

案例7 左輔右弼的夫妻宮

大部分國家實行一夫一妻制度，要是出現兩男爭女或者兩女爭男，就叫做出軌、養小三，或者婚外情等等，這是不正常的夫妻婚姻關係。這樣的情況一般不會存在很久，總會有分離一個，甚至三人都分離的結局。但是，為什麼有的人能保持這樣的三角關係很久，總是鬧離婚但是沒有離呢？這與大運有關係。

來看下面的案例：

<table>
<tr>
<td>武破陀天封天
曲軍羅馬誥巫
平平陷平
祿
身宮 絕
力士
歲驛 66 ~ 75 己
弔客 遷移宮 巳</td>
<td>太祿恩天天天
陽存光貴才使
旺廟廟廟旺平
墓
博士
息神 56 ~ 65 庚
病符 疾厄宮 午</td>
<td>天文文擎華
府昌曲羊蓋
廟利旺廟陷
忌
死
官府
華蓋 46 ~ 55 辛
歲建 財帛宮 未</td>
<td>天太天地紅解天天孤劫
機陰鉞空鸞神廚空辰煞
得利廟廟廟不 旺平
病
伏兵
劫煞 36 ~ 45 壬
晦氣 子女宮 申</td>
</tr>
<tr>
<td>天左三天寡天
同輔臺傷宿德
平廟廟平陷廟
胎
青龍
攀鞍 76 ~ 85 戊
天德 交友宮 辰</td>
<td colspan="2" rowspan="2">乾造 戊 乙 乙 己 (日空辰、巳)
午 丑 未 卯

1命宮 2兄弟 3夫妻 4子女 5財帛 6疾厄
7遷移 8交友 9官祿 10田宅 11福德 12父母

甲干 廉貞-太陽 乙干 天機-太陰 丙干 天同-廉貞 丁干 太陰-巨門
戊干 貪狼-天機 己干 武曲-文曲
庚干 太陽-天同 辛干 巨門-文昌 壬干 天梁-武曲 癸干 破軍-貪狼</td>
<td>紫貪天天臺截
微狼刑官輔空
旺利廟平 廟
權
衰
大耗
災煞 26 ~ 35 癸
喪門 夫妻宮 酉</td>
</tr>
<tr>
<td>鳳蜚年
閣廉解
旺 廟
養
小耗
將星 86 ~ 95 丁
白虎 官祿宮 卯</td>
<td>巨右八天
門弼座月
陷廟平
帝旺
病符
天煞 16 ~ 25 甲
貫索 兄弟宮 戌</td>
</tr>
<tr>
<td>地天天陰龍
劫喜福煞德
平廟旺
長生
將軍
亡神 96 ~ 105 丙
龍德 田宅宮 寅</td>
<td>廉七鈴天天破
貞殺星姚虛碎
利廟得平廟陷
沐浴
奏書
月煞 106 ~ 115 丁
歲破 福德宮 丑</td>
<td>天天火天旬咸大月
梁魁星壽空池耗德
廟旺陷平陷陷旺
科
冠帶
飛廉
咸池 116 ~ 125 丙
小耗 父母宮 子</td>
<td>天龍天
相池哭
得旺平
臨官
喜神
指背 6 ~ 15 乙
官符 命宮 亥</td>
</tr>
</table>

大運36—45歲的命宮在午位，而大運夫妻宮在辰位，其宮坐有左輔天同三台青龍等星，照右弼，這裡的左輔右弼就是左擁右抱的意思，就不會是一個人，而是同時擁有兩個甚至多個女人。同度天同星就更明顯了。這就很清晰的刻劃出在這個大運期間很多年份會有婚外情。

實際上命主在本大運的2017年丁酉年開始有婚外情，一直和妻子分分合合，鬧鬧穰穰，後來分居，多次的離婚計畫都沒有成功。原因是多方面的，一直堅持到2021，還是保持了這樣的關係。那麼會有什麼樣子的結局呢？

我們來看圓盤的夫妻宮，天刑廟貪狼截空紫微喪門災煞星，說明妻子比較固執任性、唯我獨尊、身體欠佳等情況，但是還是一個守規矩的女子。不過這裡的天刑星，註定會和妻子對簿公堂。

再看夫妻宮的官祿宮在丑位，這是它們的管理單位，亦即是民政局。這裡坐落的是七殺廉貞鈴星，照文曲化忌文昌擎羊天府星，可見有兩份與婚姻有關係的證件，也就是兩個結婚證書記錄在案，七殺和擎羊組合以後鬧到了「天府」這個婚姻的管理單位，就離婚了。

2022 年流年夫妻宮進入這個宮位，一般會離婚，結束這種不和諧的感情關係。

萬般都是命，半點不由人。

案例8 遠嫁異國的夫妻宮特點

現在去其他國家就像是去鄰村串門一樣，地球都是同一個村了，異國婚姻、跨國婚姻越來越多了。那麼，什麼樣的紫微盤會有這樣的情況呢？這當然離不開本命盤的夫妻宮，一般來說夫妻宮坐落了太陰太陽、天梁、天機巨門、天同、太陽天梁、天同太陰等星曜的時候，會遇到外國對象的機會。當然，這不是說與外國人結婚有什麼好處或者害處，這裡只是說這一類的命盤特點。

來看下面的案例：

本命盤夫妻宮天刑天哭星，照天梁星天鉞星。說明女友或者妻子是外國人。

事實上命主的妻子確實是外國人。

<table>
<tr>
<td>太陀天對天孤蜚破
陰羅馬誥廚辰廉碎
陷陷平　　陷　陷
祿
力士　　　　　　　絕
歲驛　　6～15　　乙
喪門　　　命宮　　巳</td>
<td>貪祿天
狼存喜
旺廟廟

博士　　　　　　　墓
息神　116～125　丙
貫索　　父母宮　　午</td>
<td>天巨文文擎天龍鳳年華
同門昌曲羊姚池閣解蓋
不不利旺廟旺廟陷得陷
權忌
官府　　　　　　　死
華蓋　106～115　丁
官符　　福德宮　　未</td>
<td>武天地天大劫月
曲相空才耗煞德
得廟廟廟陷

伏兵　　　　　　　病
劫煞　96～105　戊
小耗　　田宅宮　　申</td>
</tr>
<tr>
<td>廉天右三天
貞府弼臺空
利廟廟廟廟

青龍　　　　　　　胎
攀鞍　16～25　　甲
晦氣　　兄弟宮　　辰</td>
<td colspan="2" rowspan="2">乾造 丁　己　癸　乙（日空子、丑）
　　 卯　酉　亥　卯

1命宮　2兄弟　3夫妻　4子女　5財帛　6疾厄
7遷移　8交友　9官祿　10田宅　11福德　12父母

甲干 廉貞-太陽　乙干 天機-太陰　丙干 天同-廉貞　丁干 太陰-巨門
戊干 貪狼-天機　己干 武曲-文曲
庚干 太陽-天同　辛干 巨門-文昌　壬干 天梁-武曲　癸干 破軍-貪狼</td>
<td>太天天臺天
陽梁鉞輔虛
平得廟　旺

大耗　　　　　　　衰
災煞　86～95　　己
歲破　　官祿宮　　酉</td>
</tr>
<tr>
<td>天天
刑哭
廟廟

小耗　　　　　　　養
將星　26～35　　癸
歲建　　夫妻宮　　卯</td>
<td>七左八天旬龍
殺輔座傷空德
廟廟平平陷

病符　　　　　　帝旺
天煞　76～85　　庚
龍德　　交友宮　　戌</td>
</tr>
<tr>
<td>破地天天解天截陰
軍劫壽官神巫空煞
得平旺平廟　陷

將軍　　　　　　長生
亡神　36～45　　壬
病符　　子女宮　　寅</td>
<td>鈴寡
星宿
得平

奏書　　　　　　沐浴
月煞　46～55　　癸
弔客　　財帛宮　　丑</td>
<td>紫火紅恩天天咸天
微星鸞光貴使池德
平陷廟平廟陷陷廟

飛廉　　　　　　冠帶
咸池　56～65　　壬
天德　　疾厄宮　　子</td>
<td>天天天天
機魁福月
平旺廟
科　　　　　　　身宮
喜神　　　　　　臨官
指背　66～75　　辛
白虎　　遷移宮　　亥</td>
</tr>
</table>

案例9 天相星也具有桃花性質

一個學員給我一個八字，讓我說兩句命主的情況：八字如下：

乾造：戊辰年辛酉月癸巳日丁巳時

八字中巳火在坐下為妻子，丁火為情人，說明這個人的女人緣很好，巳酉半合化金成功，說明會離婚，是一個二次婚命。同時辛金梟印有丁火剋制，說明這個人有正式工作，財官印全，是一個公職人員。財多說明生活鋪張浮華，梟印旺說明見解獨到而且刻薄尖酸，對親人冷淡。當我說完這些，學員點頭說：都是對的。那麼，你再看看他的紫微盤，看一看怎麼判斷他的婚姻情況：

見下圖：

<table>
<tr>
<td>天機平 文昌廟 祿存廟 天喜廟 天空廟 孤辰陷 劫煞
忌
博士 劫煞 晦氣
15～24
父母宮
絕 丁巳</td>
<td>紫微廟 擎羊陷 地空廟 鳳閣平 天壽平 天廚 年解廟
力士 災煞 喪門
25～34
福德宮
胎 戊午</td>
<td>天鉞旺 火星利 封誥 天月
青龍 天煞 貫索
35～44
田宅宮
養 己未</td>
<td>破軍得 天姚陷 天貴陷 龍池平 天才廟
小耗 指背 官符
45～54
官祿宮
長生 庚申</td>
</tr>
<tr>
<td>七殺廟 陀羅廟 地劫陷 天刑平 恩光廟 華蓋廟
官府 華蓋 歲建
5～14
命宮
墓 丙辰</td>
<td colspan="2" rowspan="2">乾造 戊 辛 癸 丁(日空午、未)
辰 酉 巳 巳
1命宮 2兄弟 3夫妻 4子女 5財帛 6疾厄
7遷移 8交友 9官祿 10田宅 11福德 12父母
甲干 廉貞-太陽 乙干 天機-太陰 丙干 天同-廉貞 丁干 太陰-巨門
戊干 貪狼-天機 己干 武曲-文曲
庚干 太陽-天同 辛干 巨門-文昌 壬干 天梁-武曲 癸干 破軍-貪狼</td>
<td>文曲廟 天傷平 咸池平 月德
將軍 咸池 小耗
55～64
交友宮
沐浴 辛酉</td>
</tr>
<tr>
<td>太陽廟 天梁廟 右弼陷 鈴星利 八座平 天官旺 天福平
科
伏兵 息神 病符
115～124
兄弟宮
死 乙卯</td>
<td>廉貞利 天府廟 旬空陷 天虛陷
奏書 月煞 歲破
65～74
遷移宮
冠帶 壬戌</td>
</tr>
<tr>
<td>武曲得 天相廟 天馬旺 解神廟 天哭平
身宮
大耗 歲驛 弔客
105～114
夫妻宮
病 甲寅</td>
<td>天同不 巨門不 天魁旺 寡宿平 破碎陷 天德廟
病符 攀鞍 天德
95～104
子女宮
衰 乙丑</td>
<td>貪狼旺 截空陷 陰煞
祿
喜神 將星 白虎
85～94
財帛宮
帝旺 甲子</td>
<td>太陰廟 左輔不 紅鸞廟 三臺平 天使旺 台輔 天巫 大耗陷 龍德
權
飛廉 亡神 龍德
75～84
疾厄宮
臨官 癸亥</td>
</tr>
</table>

紫微盤資訊和八字盤資訊原則上是一致的。他的官祿宮破軍星旺勢，照天相星廟勢，說明他有公職，這與他的八字是一樣的。天相星在夫妻宮。當我說到這裡，學員插言說：照理說天相是一個文明和體面的星曜，同時應該說破軍星的旺度不在天相之上，應該有完美的婚姻，對不對？我這才理解到這個學員的用意，原來他繞半天是想問這個夫妻宮的天相星存在的資訊。我說，天相是一個文印星，也是一個生活上比較有品質的星曜，但是他一旦遇上紅鸞天姚天喜太陰星等星曜就會顯示出他的桃花屬性，這個命盤中夫妻宮的天相被疾厄宮的太陰三台紅鸞左輔星合入，所以他這個人很好色。學員又插言道：為什麼是他自己好色而不是他的妻子出軌呢？我說這裡是太陰星合入了，表示女人進入夫妻宮，而且左輔星說明是另外一個女人，那當然是他自己的婚外情了。所以說他會因為婚外情與妻子離婚。說到這裡學員恍然大悟的說：原來是紅鸞和左輔太陰星合入了。我說這與八字顯示的資訊是一樣的。天相星，我們的印象中它工作上兢兢業業，但是同時它是一個「小資」的星曜，對於生活要求較高，衣食住行都比較好，這樣養尊處優的生活，只要遇到那些紅鸞天喜天同太陰天姚等星曜，一定會出現感情氾濫。

案例10 巨門的夫妻宮

著名歌星費翔至今未婚，他曾經感概的說過：婚姻確實是一時衝動，沒有這種衝動是難以結婚的。現代的很多男女，大部分壓力很大，早年追求學歷，接著努力工作希望立住腳根，很容易壓抑自己的感情；也有一部分是對感情充滿羅曼蒂克的想法，總幻想有一種完美的白馬王子來與之攜手共枕，而現實的殘酷會讓他們摔得很慘，直到有一天突然發現自己需要另一個人一起生活了，可是年齡已經四十歲左右了，可以選擇的餘地很小。有一個女命主很感慨的說：再找不到對象就不能生育了，到老死沒有人收屍了，想想就可怕。

來看這個命主的紫微盤：

命宮是天同星，這個星本來就具有自娛自樂的特點，安於現狀，很知道滿足，當然自身的條件和環境一般不會很差。同時，也充滿才藝才思，幻想很多，但是不能進行實際的行動，膽子小、畏首畏尾，只求平安的心態很重，怕愛是一種傷害的心態也很重。

再看她的官祿宮，巨門天機化祿祿存，很明顯是公職人員，巨門星表示很有能力、能幹，能把事業上打理得有條不紊；天機星化祿和祿存表示職業上物質和福利較好，而自身也很滿足這種狀

<table>
<tr>
<td>天左龍天天
梁輔池月哭
得平陷　不
權
青龍　　　　　絕
指背　65～74　辛
官符　遷移宮　巳</td>
<td>七文天封天截咸大月
殺昌使誥廚空池耗德
旺陷平　　廟陷旺
小耗　　　　　胎
咸池　75～84　壬
小耗　疾厄宮　午</td>
<td>火地三八恩天
星空臺座光虛
利平廟平旺陷
身宮
將軍　　　　　養
月煞　85～94　癸
歲破　財帛宮　未</td>
<td>廉文天天天天解天龍
貞曲鉞喜壽福神巫德
廟得廟旺旺廟不
奏書　　　　　長生
亡神　95～104　甲
龍德　子女宮　申</td>
</tr>
<tr>
<td>紫天擎天天
微相羊官傷
得得廟旺平
科
力士　　　　　墓
天煞　55～64　庚
貫索　交友宮　辰</td>
<td colspan="2" rowspan="2">坤造　乙　己　癸　丙（日空戌、亥）
　　　丑　卯　酉　辰

1命宮　2兄弟　3夫妻　4子女　5財帛　6疾厄
7遷移　8交友　9官祿　10田宅　11福德　12父母

甲干　廉貞-太陽　乙干　天機-太陰　丙干　天同-廉貞　丁干　太陰-巨門
戊干　貪狼-天機　己干　武曲-文曲
庚干　太陽-天同　辛干　巨門-文昌　壬干　天梁-武曲　癸干　破軍-貪狼</td>
<td>右天鳳蜚年
弼貴閣廉解
陷廟廟　旺
飛廉　　　　　沐浴
將星　105～114　乙
白虎　夫妻宮　酉</td>
</tr>
<tr>
<td>天巨祿地
機門存劫
旺廟廟平
祿
博士　　　　　死
災煞　45～54　己
喪門　官祿宮　卯</td>
<td>破天臺旬寡天
軍刑輔空宿德
旺廟　陷陷廟
喜神　　　　　冠帶
攀鞍　115～124　丙
天德　兄弟宮　戌</td>
</tr>
<tr>
<td>貪陀鈴紅天天孤劫
狼羅星鸞姚空辰煞
平陷廟旺旺陷平
官府　　　　　病
劫煞　35～44　戊
晦氣　田宅宮　寅</td>
<td>太太破華
陽陰碎蓋
不廟陷陷
忌
伏兵　　　　　衰
華蓋　25～34　己
歲建　福德宮　丑</td>
<td>武天天天陰
曲府魁才煞
旺廟旺旺
大耗　　　　　帝旺
息神　15～24　戊
病符　父母宮　子</td>
<td>天天
同馬
廟平
病符　　　　　臨官
歲驛　5～14　丁
弔客　命宮　亥</td>
</tr>
</table>

態，似乎在這樣的好單位中就沒有其他需求了一樣。

再看夫妻宮右弼陷落、鳳閣天貴星表示獨守閨中，照天機星，而天機星暴旺，難以留下來，來過的男人是有的，但是他們最終不會留下來和命主共度一生。

再看大運25－34之間，本該是結婚的黃金時間，而這段時間的夫妻宮進入了亥位，天同星做宮，那種對感情的想入非非始終縈繞不去。

當然，這只是說明命主是晚婚，她的婚姻歸宿其實應該是不錯的，那種高大威猛、能說會道又有錢的男人，最後會與她牽手一生，只是這會到下一個大運出現了。

用本例題提醒那些具有這類命盤的男女，要現實一點，不要總是忙於工作，生活還是要多用點心的。

案例11　太陰化忌的夫妻宮

民間有句俗話：家裡紅旗不倒，外面彩旗飄飄。這是形容那些在婚內出軌的男女的。婚姻從辦理結婚登記開始，就是簽了一份婚姻合同，這是人生最長的一種合同，也是最不定期的一種合同，每個人都應該在合同內履行自己的責任和義務。偏偏有些人沒有契約精神，做一些違反合同的事情。婚內出軌，有的結果是離婚了，有的是出現殺傷死亡情況，而還有一類人，就是本題目所說的：他不想離婚，只是想同時佔有兩個女人。其實這樣的人他的人生也是很苦惱的。

來看下面的例題：

<table>
<tr>
<td>天機 火星 龍池 天哭
平 得 陷 不
科
伏兵
指背 23～32 病 辛
官符 夫妻宮 巳</td>
<td>紫微 文曲 天廚 截空 咸池 大耗 月德
廟 陷 廟 陷 旺
科
大耗
咸池 13～22 衰 壬
小耗 兄弟宮 午</td>
<td>天月 天虛
陷
病符
月煞 3～12 帝旺 癸
歲破 命宮 未</td>
<td>破軍 文昌 天鉞 天喜 天姚 天才 天福 臺輔 龍德
得 得 廟 旺 陷 廟 廟
喜神
亡神 113～122 臨官 甲
龍德 父母宮 申</td>
</tr>
<tr>
<td>七殺 擎羊 天刑 天官 封誥
廟 廟 平 旺
官府
天煞 [33～42] 死 庚
貫索 子女宮 辰</td>
<td colspan="2" rowspan="2">乾造 乙丑 乙酉 癸酉 甲寅 (日空戌、亥)

1命宮 2兄弟 3夫妻 4子女 5財帛 6疾厄
7遷移 8交友 9官祿 10田宅 11福德 12父母

甲干 廉貞-太陽 乙干 天機-太陰 丙干 天同-廉貞 丁干 太陰-巨門
戊干 貪狼-天機 己干 武曲-文曲
庚干 太陽-天同 辛干 巨門-文昌 壬干 天梁-武曲 癸干 破軍-貪狼</td>
<td>地空 天貴 鳳閣 蜚廉 年解
廟 廟 廟 旺
飛廉
將星 103～112 冠帶 乙
白虎 福德宮 酉</td>
</tr>
<tr>
<td>太陽 天梁 右弼 祿存 三臺
廟 廟 陷 廟 陷
權
博士
災煞 43～52 墓 己
喪門 財帛宮 卯</td>
<td>廉貞 天府 旬空 寡宿 天德
利 廟 陷 陷 廟
奏書
攀鞍 93～102 沐浴 丙
天德 田宅宮 戌</td>
</tr>
<tr>
<td>武曲 天相 陀羅 紅鸞 天使 解神 天空 孤辰 劫煞
得 廟 陷 旺 平 廟 陷 平
力士
劫煞 53～62 絕 戊
晦氣 疾厄宮 寅</td>
<td>天同 巨門 地劫 破碎 華蓋
不 不 陷 陷 陷
青龍
華蓋 63～72 胎 己
歲建 遷移宮 丑</td>
<td>貪狼 天魁 鈴星 天壽 天傷 陰煞
旺 旺 陷 平 陷
小耗
息神 73～82 養 戊
病符 交友宮 子</td>
<td>太陰 左輔 天馬 八座 恩光 天巫
廟 不 平 廟 不
忌
身宮
將軍
驛馬 83～92 長生 丁
弔客 官祿宮 亥</td>
</tr>
</table>

本命的夫妻宮天機化祿天哭火星伏兵指背星等，照太陰化忌八座星。太陰化忌表示冷落、冷漠、冷淡；太陰化忌加火星，表示冷暴力；天機化祿表示欺騙、隱瞞、算計；八座星表示屁股佔的地方多也就是腳踏兩條船，以上這些是命主本人對待妻子的態度，為什麼不說是妻子對待他的態度呢？因為夫妻宮有太陰星化忌，他的太陰化忌當然是不滿意妻子，如果是其他星曜則會有相互對待關係的兩層意義。

再看天機化祿，它還表示節儉有餘、會過日子、善解人意等。這是他妻子的素質。太陰化忌也表示妻子不夠女人味、不會甜言蜜語、不會哄人等。

當然，任何事情要一分為二的看待，他妻子的一些弱點肯定是會有的，但是做為夫妻的他不去善意提醒和改變引導，而是採取了極端方式：出軌。其實他就算是再婚也會出現同樣的婚姻結果，這是他的本命盤夫妻宮決定的。

本命夫妻宮的太陰星化忌、火星、天機星化祿、八座的組合，組合的結果就是時而發火、時而冷靜的思考，來來回回的折騰糾結，就是不敢或者想走出離婚這一步，總想維持這種腳踏兩條船的狀態，一般大運或者流年過去以後就會慢慢收斂。

案例12　火星與擎羊進入六親宮

我們經常說「三口之家」，這很清楚的說明家中除了父母之外還有「孩子」，孩子在家庭生活中是很重要的，這不光是家族的延續，也是夫妻關係和感情的紐帶，家庭中沒有孩子就缺乏笑聲。但是孩子卻不是家庭的唯一，夫妻關係中最核心的是夫妻兩者之間的關愛與呵護，與有沒有孩子無關，沒有孩子的家庭可能是溫馨的，而有孩子的家庭也可能會破裂。所以，凡是用沒有孩子為理由而離婚的人，都是把孩子做為一種藉口，其實質是夫妻關係的崩潰。

來看下面的命例：

<table>
<tr>
<td>紫七文陀天天天天孤蜚破
微殺昌羅馬貴壽廚辰廉碎
旺平廟陷平平平　陷　陷
絕
力士　116 ~ 125　乙
歲驛
喪門　父母宮　巳</td>
<td>祿地天八
存空喜座
廟廟廟旺
墓
博士　106 ~ 115　丙
息神
貫索　福德宮　午</td>
<td>擎龍鳳天封天年華
羊池閣才誥月解蓋
廟廟陷平　得陷
死
官府　96 ~ 105　丁
華蓋
官符　田宅宮　未</td>
<td>天三大劫月
姚臺耗煞德
陷旺陷
病
伏兵　86 ~ 95　戊
劫煞
小耗　官祿宮　申</td>
</tr>
<tr>
<td>天天地天天
機梁劫刑空
利廟陷平廟
科
胎
青龍　6 ~ 15　甲
攀鞍
晦氣　命宮　辰</td>
<td colspan="2" rowspan="2">乾造　丁　己　甲　己(日空午、未)
　　　卯　酉　申　巳

1命宮　2兄弟　3夫妻　4子女　5財帛　6疾厄
7遷移　8交友　9官祿　10田宅　11福德　12父母

甲干 廉貞-太陽　乙干 天機-太陰　丙干 天同-廉貞　丁干 太陰-巨門
戊干 貪狼-天機　己干 武曲-文曲
庚干 太陽-天同　辛干 巨門-文昌　壬干 天梁-武曲　癸干 破軍-貪狼</td>
<td>廉破文天天天
貞軍曲鉞傷虛
平陷廟廟平旺
衰
大耗　76 ~ 85　己
災煞
歲破　交友宮　酉</td>
</tr>
<tr>
<td>天右鈴天
相弼星哭
陷陷利廟
養
小耗　16 ~ 25　癸
將星
歲建　兄弟宮　卯</td>
<td>旬龍
空德
陷
帝旺
病符　66 ~ 75　庚
天煞
龍德　遷移宮　戌</td>
</tr>
<tr>
<td>太巨火天解截
陽門星官神空
旺廟廟平廟陷
忌
身宮
長生
將軍　26 ~ 35　壬
亡神
病符　夫妻宮　寅</td>
<td>武貪恩寡
曲狼光宿
廟廟廟平
沐浴
奏書　36 ~ 45　癸
月煞
弔客　子女宮　丑</td>
<td>天太紅咸陰天
同陰鸞池煞德
旺廟廟陷　廟
權 祿
冠帶
飛廉　46 ~ 55　壬
咸池
天德　財帛宮　子</td>
<td>天左天天天臺天
府輔魁福使輔巫
得不旺廟旺
臨官
喜神　56 ~ 65　辛
指背
白虎　疾厄宮　亥</td>
</tr>
</table>

命主大盤夫妻宮巨門化忌火星太陽星，合天府星天魁星，說明一生中感情品質很差，會離婚。

大運26—35之間夫妻宮在子位天同太陰星紅鸞星陰煞星，說明會有婚外情、會出軌，是本命主自己出軌而非妻子。

同時，看本大運的子女宮在亥位，天府星左輔天魁星，合巨門火星太陽星，說明因為孩子的事情會有矛盾，或者孩子容易夭折、流產等。

以上資訊，是命主先天帶有的，這步大運一定會出現的，夫妻宮和子女宮兩者之間沒有聯繫，但是這卻成為兩個人離婚的焦點。

夫妻是一種合作關係，如果一方身體不好應該有另一方提供更多的關愛與支援才對，而不能嫌棄。如果拋棄對方，自己尋找安樂去了，那就沒有了夫妻之道。

命主曾經回饋說：他確實出軌。我們做了試管，結果還是流產失敗，反覆折騰多年，身心疲憊。2020 年鬧離婚，他不離，到 2021 年還在鬧。特別痛苦的婚姻，都抑鬱了。

案例13 破軍星連自己都不放過

現代社會，經濟高速增長，科技飛速發展，湧現出了很多「能人」。他們成為時代的標竿，讓一代人追捧和學習。但是，這個世界大部分人還是庸庸碌碌、資質平平的，而在這樣的社會怎麼活著就成為一個問題，沒有成熟的世界觀和價值觀，很容易迷惑在人群中，容易抑鬱，容易自殺。所以，我們說：你只看到了大人物光鮮亮麗的一面，沒有看到他們付出的努力，他們早上五點起床，而此時你還在被窩裡酣睡；他們晚上十二點才休息，而此時你已經鼾聲如雷；他們為了獲得投資而陪人笑、請人吃飯，甚至於犧牲自己的色相，而此時的你在吊兒郎當的上班等著老闆發工資；他們為了照顧生意沒有時間陪伴孩子的成長，而此時的你牽著孩子的手在逛商場……成功的人都付出很多，沒有人隨隨便便成功。其實，這些大人物都是在為了一般大眾「服務」，好好體會是不是這樣的道理。

來看下面的命例：

命主大盤命宮破軍化祿天馬封誥星，這裡的破軍星是廟勢的。破軍星本身就是一個有勇無謀、敢闖敢幹、多糾紛、好賭冒險等，加上天馬，就更加厲害了，腦子一發熱就去做了，根本不用腦子。

再看其福德宮天府星，照七殺左輔星，說明這個命主的理想是有錢有名，金錢和名氣對他的誘惑是很嚴重的。生活在這樣的社會中，容易在達不到目的的時候做出莽撞的事情。

流年2020年命宮在酉位，天刑火星天哭星，照天梁太陽星，說明會遇到傷害或者涉及法律的事情。再看交友宮擎羊天姚星巨門天傷等，說明在交朋友中會受到傷害或者打擊。

實際上，這個命主在2020年中秋節前後自殺。但是被救活了。與女友或者是其他朋友有關係。

<table>
<tr>
<td>天天地地天天天天破
機鉞劫空才壽福巫碎
平旺不廟廟平旺　陷
喜神
指背　33～42　病丁巳
白虎　子女宮</td>
<td>紫紅八天咸天
微鸞座官池德
廟旺旺廟陷旺
飛廉
咸池　23～32　衰戊午
天德　夫妻宮</td>
<td>恩寡
光宿
旺不
奏書
月煞　13～22　帝旺己未
弔客　兄弟宮</td>
<td>破三封解
軍臺誥神
得旺　不
祿
身宮
將軍
亡神　3～12　臨官庚申
病符　命宮</td>
</tr>
<tr>
<td>七左文鈴龍
殺輔昌星德
廟廟得陷
病符
天煞　43～52　死丙辰
龍德　財帛宮</td>
<td colspan="2" rowspan="2">乾造 癸 甲 庚 壬(日空子、丑)
　　 酉 寅 申 午

1命宮 2兄弟 3夫妻 4子女 5財帛 6疾厄
7遷移 8交友 9官祿 10田宅 11福德 12父母

甲干 廉貞-太陽 乙干 天機-太陰 丙干 天同-廉貞 丁干 太陰-巨門
戊干 貪狼-天機 己干 武曲-文曲
庚干 太陽-天同 辛干 巨門-文昌 壬干 天梁-武曲 癸干 破軍-貪狼</td>
<td>火天天
星刑哭
得廟不
小耗
將星　113～122　冠帶辛酉
歲建　父母宮</td>
</tr>
<tr>
<td>太天天天天
陽梁魁使虛
廟廟廟平廟
大耗
災煞　53～62　墓乙卯
歲破　疾厄宮</td>
<td>廉天右文天旬天
貞府弼曲月空空
利廟廟陷　陷陷
青龍
攀鞍　103～112　沐浴壬戌
晦氣　福德宮</td>
</tr>
<tr>
<td>武天陰大劫月
曲相煞耗煞德
得廟　陷
伏兵
劫煞　63～72　絕甲寅
小耗　遷移宮</td>
<td>天巨擎天天龍鳳天截年華
同門羊姚貴池閣傷空解蓋
不不廟平旺平平平不得陷
權
官府
華蓋　73～82　胎乙丑
官符　交友宮</td>
<td>貪祿天臺
狼存喜輔
旺廟旺
忌
博士
息神　83～92　養甲子
貫索　官祿宮</td>
<td>太陀天天孤蜚
陰羅馬廚辰廉
廟陷平　陷
科
力士
歲驛　93～102　長生癸亥
喪門　田宅宮</td>
</tr>
</table>

案例14 官祿宮巨門化忌不適合創業

現在開公司的門檻降低了，不經過驗資可以註冊公司，這讓很多年輕人不喜歡上班聽別人使喚就開公司了。但是如果你的本命盤官祿宮有巨門化忌並劫煞，那說明在事業上會有是非和破財，自己開公司是自己獨立承擔事業風險的，一旦遇到不好的流年就會摔得很慘。其實上班打工沒有什麼不好的，自己雖然會常常被老闆訓斥，但是只要努力一點還是可以開心一點的，遇到公司不景氣的時候自己就跳槽走人，總比你自己承擔事業風險好很多。做老闆有他的難處，專案、資金、場地等各種費用和制度，都是老闆要應付的事情，老闆也是不容易的。

來看下面命例：

本命盤的官祿宮是是巨門化忌、同度太陽封誥天馬劫煞星，太陽巨門星組合說明很能幹，有思考，有安排；太陽天馬組合說明能跑能運作；封誥巨門化忌組合說明關張倒閉；封誥太陽劫煞組合說明賠錢了。

再看命宮文昌天空照天梁星，天梁星是一顆繼承和接受現成事業的星曜。

所以這個命主就不適合自己創業當老闆。

事實上，命主在2018年就創業開公司了，但是財運不好，2019年也無收入。壓力很大。其實還不如打工上班。

<table>
<tr>
<td>天陀地地天天恩天天孤蜚破
府羅劫空馬刑光巫廚辰廉碎
得陷不廟平陷平　　陷　陷

絕
力士
歲驛　116 ~ 125　乙
喪門　父母宮　巳</td>
<td>天太祿天
同陰存壽
陷不廟廟
權 祿

墓
博士
息神　106 ~ 115　丙
貫索　福德宮　午</td>
<td>武貪擎龍鳳天天年華
曲狼羊池閣才壽解蓋
廟廟廟廟陷平旺得陷

死
官府
華蓋　96 ~ 105　丁
官符　田宅宮　未</td>
<td>太巨封大劫月
陽門誥耗煞德
得廟　陷
忌

病
伏兵
劫煞　86 ~ 95　戊
小耗　官祿宮　申</td>
</tr>
<tr>
<td>文鈴解天
昌星神空
得陷廟廟

身宮
胎
青龍
攀鞍　6 ~ 15　甲
晦氣　命 宮　辰</td>
<td colspan="2" rowspan="2">乾造 丁 庚 丁 丙 (日空寅、卯)
　　 卯 戌 未 午

1命宮 2兄弟 3夫妻 4子女 5財帛 6疾厄
7遷移 8交友 9官祿 10田宅 11福德 12父母

甲干 廉貞-太陽 乙干 天機-太陰 丙干 天同-廉貞 丁干 太陰-巨門
戊干 貪狼-天機 己干 武曲-文曲
庚干 太陽-天同 辛干 巨門-文昌 壬干 天梁-武曲 癸干 破軍-貪狼</td>
<td>天天天天天
相鉞姚傷虛
陷廟廟平旺

衰
大耗
災煞　76 ~ 85　己
歲破　交友宮　酉</td>
</tr>
<tr>
<td>廉破火天
貞軍星哭
平陷利廟

養
小耗
將星　16 ~ 25　癸
歲建　兄弟宮　卯</td>
<td>天天文旬陰龍
機梁曲空煞德
利廟陷陷
科

帝旺
病符
天煞　66 ~ 75　庚
龍德　遷移宮　戌</td>
</tr>
<tr>
<td>右三天天截
弼臺官月空
旺平平　陷

長生
將軍
亡神　26 ~ 35　壬
病符　夫妻宮　寅</td>
<td>寡
宿
平

沐浴
奏書
月煞　36 ~ 45　癸
弔客　子女宮　丑</td>
<td>左紅八臺咸天
輔鸞座輔池德
旺廟陷　陷廟

冠帶
飛廉
咸池　46 ~ 55　壬
天德　財帛宮　子</td>
<td>紫七天天天天
微殺魁貴福使
旺平旺平廟旺

臨官
喜神
指背　56 ~ 65　辛
白虎　疾厄宮　亥</td>
</tr>
</table>

案例15 天刑星在適當的環境中也表示管理

擎羊星，在廟旺的時候表示暴力、衝突、凶橫。但是陷落的時候表示標記法律周邊、銳利、警覺和敏感等。天刑星，一般表示受到刑法、處罰、頑固、固執等。在處於吉星包圍中的時候，表示管理、處理、保護守衛等。注意星曜的存在環境，就像是一個人一樣，在不同的環境中會有不同的表現和結果，有人在順境中表現優秀，但是進入逆境中就變壞了，像變了一個人似的，這說明環境是可以改變人的。

來看下面的命例：

<table>
<tr>
<td>天右文祿天天孤劫
相弼昌存喜空辰煞
得平廟廟廟廟陷
科
博士　絕
劫煞　32～41　丁
晦氣　田宅宮　巳</td>
<td>天擎地天恩天天蜚年
梁羊空姚閣才廚廉解
廟陷廟平平旺　廟
力士　胎
災煞　42～51　戊
喪門　官祿宮　午</td>
<td>廉七天火天封
貞殺鉞星傷誥
利廟旺利陷
青龍　養
天煞　52～61　己
貫索　交友宮　未</td>
<td>恩龍天
光池巫
平平
小耗　長生
指背　62～71　庚
官符　遷移宮　申</td>
</tr>
<tr>
<td>巨陀地天陰華
門羅劫壽煞蓋
陷廟陷廟　廟
官府　墓
華蓋　22～31　丙
歲建　福德宮　辰</td>
<td colspan="2" rowspan="2">乾造 戊 己 甲 己(日空申、酉)
辰 未 戌 巳

1命宮 2兄弟 3夫妻 4子女 5財帛 6疾厄
7遷移 8交友 9官祿 10田宅 11福德 12父母

甲干 廉貞-太陽 乙干 天機-太陰 丙干 天同-廉貞 丁干 太陰-巨門
戊干 貪狼-天機 己干 武曲-文曲
庚干 太陽-天同 辛干 巨門-文昌 壬干 天梁-武曲 癸干 破軍-貪狼</td>
<td>左文天咸月
輔曲使池德
陷廟陷平
將軍　沐浴
咸池　72～81　辛
小耗　疾厄宮　酉</td>
</tr>
<tr>
<td>紫貪鈴天天天
微狼星官福月
旺利利旺平
祿
伏兵　死
息神　12～21　乙
病符　父母宮　卯</td>
<td>天旬天
同空虛
平陷陷
奏書　冠帶
月煞　82～91　壬
歲破　財帛宮　戌</td>
</tr>
<tr>
<td>天太天天天
機陰馬刑哭
得旺旺廟平
忌權
大耗　病
歲驛　2～11　甲
弔客　命宮　寅</td>
<td>天天三八寡破天
府魁臺座宿碎德
廟旺廟廟平陷廟
病符　衰
攀鞍　112～121　乙
天德　兄弟宮　丑</td>
<td>太天解截
陽貴神空
陷廟廟陷
身宮
喜神　帝旺
將星　102～111　甲
白虎　夫妻宮　子</td>
<td>武破紅臺大龍
曲軍鸞輔耗德
平平廟　陷
飛廉　臨官
亡神　92～101　癸
龍德　子女宮　亥</td>
</tr>
</table>

命宮天刑、太陰化權、天機化忌，不過這裡的天機還是旺勢的。加會天梁星，說明能在財務、金融、計算一類的事情上做得很好，天刑和天梁星，說明與法律和司法類型的事業有緣份。

再看官祿宮天梁、擎羊、地空、蜚廉、天廚、鳳閣星，說明是公務人員，單位的後勤以及周邊。

當然，這樣的星曜組合是不能在錢上出問題的，否則太陰化權和天梁天刑也會變成因為錢受到處罰等。

再看財帛宮天同天虛星，照地劫陀羅星，說明長久的做著工薪階層，生活小康但是難有爆發機會，物質生活中等層次，消費很大。地劫陀羅也說明如履薄冰、不慎重金錢上會出問題。

事實上命主是身在司法單位的一名財務工作者，目前是副科級別，整天與金錢打交道，他的工資在當地算是不少，可是他的積蓄很少，常常月光。

案例16 巨門七殺求財辛苦

一個開店的小老闆，開店多年，雖然辛苦一點但是還是比較平穩的，但是他在大學同學面前感到很自卑，同學中不少進入了體制內，所以他總想著去外面闖闖、做點大事。這樣的心態其實很多人都有。吃不到的蘋果是好的，總是覺得那個沒有吃到的蘋果應該是最好的，這是一個美好的單方面想法。其實做什麼都不容易，朝九晚五的人們希望自由，希望去看看外面的世界，希望能做些自己喜歡的事情。經商的人們總覺得沒有勞保福利。總之是得不到的最好。

其實啊，適合自己的最好，人的能力有大小，觀念各不同，做自己喜歡的事情，不要去攀比。別人有他自己的生活方式和理想，為什麼你總是去追求別人的理想呢？

來看下面的例題：

本命盤命宮破軍化權，照天相，說明命主有膽識、敢闖，但是生活環境會比較普通。

再看官祿宮貪狼鳳閣星，照武曲龍池星，說明很能做生意，在經商方面有心得，這是一個做生意的。

再看財帛宮七殺天刑天馬祿存星，合巨門星，說明做視窗的、辛苦的事業，事業還不穩定，有時候會打擦邊球。

福德宮紫微天府截空星，說明潛意識中很希望做機關辦公室，但是這只是一個空想而已。因為紫微天府星不旺，又同度了截空，還照七殺天刑星，說明這種想法是很難實現的。

<table>
<tr>
<td>太右文天破劫月
陽弼曲廚碎煞德
旺平廟　陷
忌
小耗　115～124　絕己巳
劫煞
小耗　兄弟宮</td>
<td>破天恩天天天
軍姚光才哭虛
廟平廟旺陷平
權
將軍　5～14　胎庚午
災煞
歲破　命宮</td>
<td>天天三八天臺大龍
機鉞臺座官輔耗德
陷旺廟平廟　平
奏書　15～24　養辛未
天煞
龍德　父母宮</td>
<td>紫天天天截蜚
微府壽巫空廉
旺得旺　廟
身宮
飛廉　25～34　長生壬申
指背
白虎　福德宮</td>
</tr>
<tr>
<td>武龍陰華
曲池煞蓋
廟廟　廟
科
青龍　105～114　墓戊辰
華蓋
官符　夫妻宮</td>
<td colspan="2" rowspan="2">乾造　甲　辛　丙　己(日空子、丑)
　　　子　未　辰　丑

1命宮　2兄弟　3夫妻　4子女　5財帛　6疾厄
7遷移　8交友　9官祿　10田宅　11福德　12父母

甲干　廉貞-太陽　乙干　天機-太陰　丙干　天同-廉貞　丁干　太陰-巨門
戊干　貪狼-天機　己干　武曲-文曲
庚干　太陽-天同　辛干　巨門-文昌　壬干　天梁-武曲　癸干　破軍-貪狼</td>
<td>太左文天天咸天
陰輔昌喜福池德
旺陷廟廟廟平不
喜神　35～44　沐浴癸酉
咸池
天德　田宅宮</td>
</tr>
<tr>
<td>天擎火紅封天
同羊星鸞誥月
平陷利廟
力士　95～104　死丁卯
息神
貫索　子女宮</td>
<td>貪地鳳旬寡年
狼空閣空宿解
廟陷廟陷陷廟
病符　45～54　冠帶甲戌
月煞
弔客　官祿宮</td>
</tr>
<tr>
<td>七祿天天天孤
殺存馬刑貴辰
廟廟旺廟平平
博士　85～94　病丙寅
歲驛
喪門　財帛宮</td>
<td>天天陀天天
梁魁羅使空
旺旺廟陷平
官府　75～84　衰丁丑
攀鞍
晦氣　疾厄宮</td>
<td>廉天地解
貞相劫神
平廟陷廟
祿
伏兵　65～74　帝旺丙子
將星
歲建　遷移宮</td>
<td>巨鈴天
門星傷
旺利旺
大耗　55～64　臨官乙亥
亡神
病符　交友宮</td>
</tr>
</table>

第四章

八字、六爻、紫微斗數，跨學科資訊一致

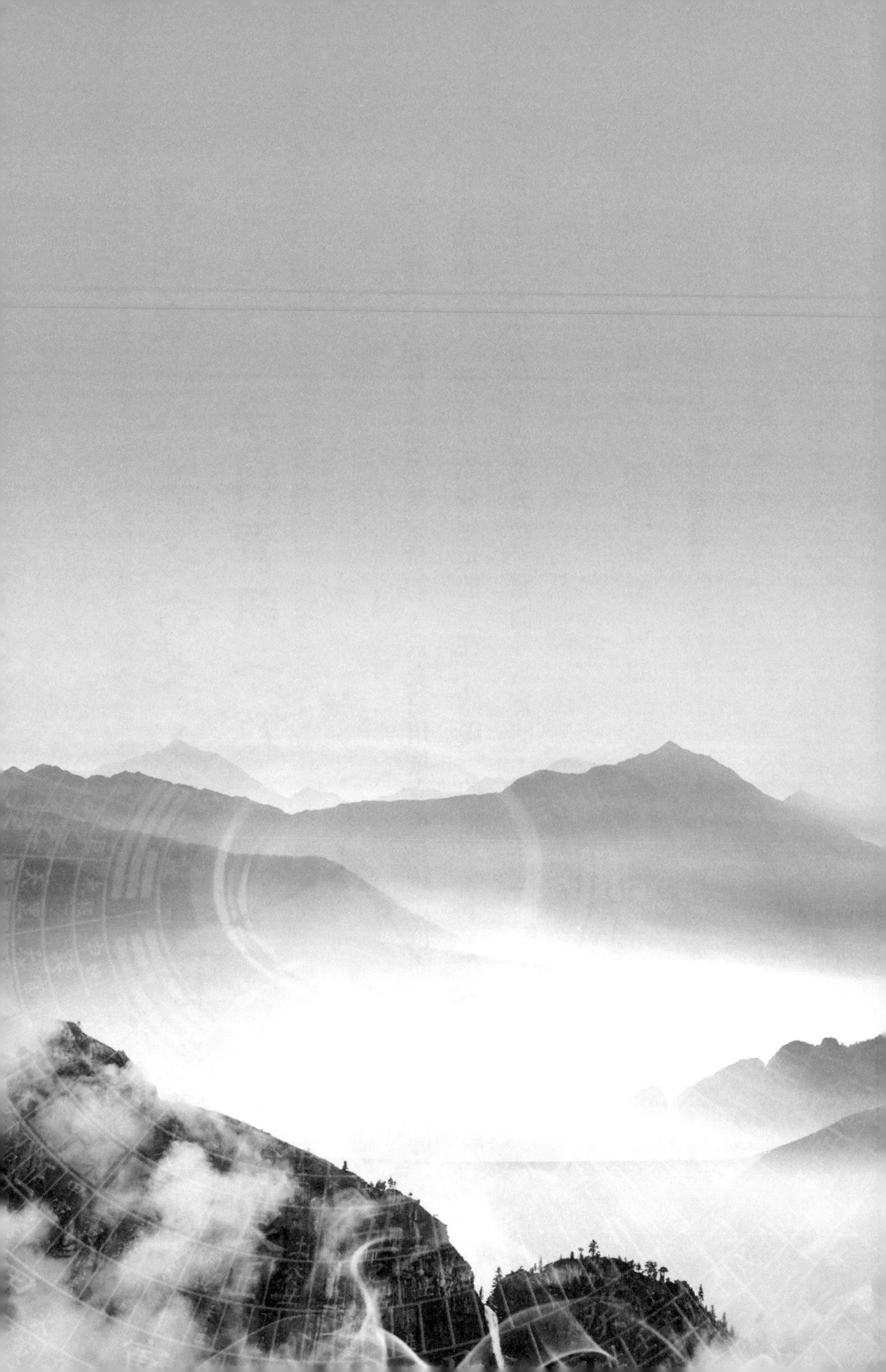

第四章 八字、六爻、紫微斗數，跨學科資訊一致

八字是用天干和地支雙系統定位的，六爻是用地支單系統定位的，紫微斗數是用空間和天干、納音三系統定位的，在「陰陽」的框架之下，在「五行」的橋樑之上，八字方法、六爻方法、紫微斗數方法，可以殊途同歸。

例題1　觸及時間盤與命盤時間的資訊一致

命主問疾病，看下面的觸及時間盤：

這個觸及時間盤中顯示的疾病宮：天魁紅鸞天使劫煞陰煞，合天相文曲化科。

據此可以判斷命主的疾病是由於腎陽不足造成的寒性疾病，比如風濕、寒咳、手足不溫、胃寒等，尤其是到了冬天或者水旺的流年比如亥子年會比其他年份加重。田宅宮擎羊火星說明在家就越發嚴重，適合出外旅居或者到外地生活。

命主回饋是這樣的：

從2018年臘月底，身體特別差，風濕病，肺炎、鼻炎、感冒，基本上每天都在吃中藥，偶爾加點西藥。2019年風濕病比之前嚴重了，手腳痛。春節前幾天去照片，確診輕微的支原體肺炎，現在還在咳嗽，吃藥控制。到2021年三月份吃了四個月中藥，停藥病情就加重。

武破鈴龍天天截天 曲軍星池福巫空哭 平平得陷旺 平 不 廟 病符 指背 官符　104～113　長生癸巳　夫妻宮	太陽地天咸大月 陰鉞劫廚池耗德 旺祿 廟 陷旺 飛廉 咸池 小耗　114～123　沐浴甲午　兄弟宮	天天天 府貴虛 廟旺陷 伏兵 月煞 歲破　4～13　冠帶乙未　命宮	天太陀天天解龍 機陰羅才神德 得利陷旺廟不 官府 亡神 龍德　14～23　臨官丙申　父母宮
天左地旬 同輔空空 平廟陷陷 喜神 天煞 貫索　94～103　養壬辰　子女宮	公历：2021年3月5日14時43分，星期五. 农历：辛丑年正月廿二日 未時.		紫貪祿天鳳天封年 微狼存刑閣喜誥解 旺利廟廟廟平 利 身宮 博士 指背 白虎　24～33　帝旺丁酉　福德宮
文昌利 飛廉 災煞 喪門　84～93　胎辛卯　財帛宮	乾造　辛　庚　壬　丁 (日空寅、卯) 　　　丑　寅　子　未 甲干 廉貞-太陽　乙干 天機-太陰　丙干 天同-廉貞　丁干 太陰-巨門 戊干 貪狼-天機　己干 武曲-文曲 庚干 太陽-天同　辛干 巨門-文昌　壬干 天梁-武曲　癸干 破軍-貪狼		巨右擎火天寡天 門弼羊星宿德 陷廟陷廟 廟 陷 力士 天煞 天德　34～43　衰戊戌　田宅宮
天紅天天孤陰劫 魁鸞壽空辰煞煞 旺平陷平 奏書 劫煞 晦氣　74～83　絕庚寅　疾厄宮	廉七天三八蜚破華 貞殺姚座輔廉碎蓋 利廟平廟廟 陷廟 將軍 華蓋 病符　64～73　墓辛丑　遷移宮	天天 梁傷 廟陷 小耗 息神 歲建　54～63　死庚子　交友宮	天文天恩 相曲馬光 得旺旺平 青龍 歲驛 貫索　44～53　病己亥　官祿宮

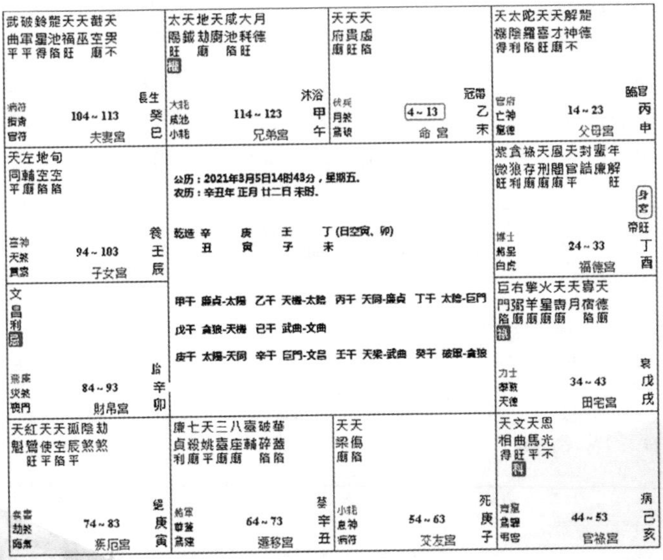

我們來看命主的八字和紫微盤：

命主的紫微盤疾厄宮中紅鸞天使，照左輔右弼火星天喜，同時，合紫微天福天月星，說明毛病多，小毛病一個接一個或者一來就是多個，紫微紅鸞天喜與肺部男科有關係，或者夫妻生活不節制也會誘發疾病。也就是說命主先天體質中就是肺經和男科較容易發病的。遇到一個不好的流年，或者當一段時間內感染，或者夫妻生活較頻繁的時候，就會出現不舒服的情況。實際上是腎陽虛弱，腎陽為一身的陽氣之根本，陽氣虛弱了，寒性疾病就會找上門來。所以節慾、增加營養、運動才是根本治癒方法。

<table>
<tr>
<td>天天三天臺劫天
機鉞臺傷輔煞德
平旺平平　　旺

飛廉　　　　　病
劫煞　53～62　乙
天德　交友宮　巳</td>
<td>紫天天天天天
微刑貴壽福月
廟平廟平平
權
喜神　　　　　死
災煞　63～72　丙
弔客　遷移宮　午</td>
<td>紅天寡
鸞使宿
陷平不

病符　　　　　墓
天煞　73～82　丁
病符　疾厄宮　未</td>
<td>破天天陰
軍才巫煞
得廟

大耗　　　　　絕
指背　83～92　戊
歲建　財帛宮　申</td>
</tr>
<tr>
<td>七解蜚華
殺神廉蓋
廟廟　廟

奏書　　　　　衰
華蓋　43～52　甲
白虎　官祿宮　辰</td>
<td colspan="2" rowspan="2">乾造 王 辛 辛 己(日空午、未)
申 亥 卯 亥

1命宮 2兄弟 3夫妻 4子女 5財帛 6疾厄
7遷移 8交友 9官祿 10田宅 11福德 12父母

甲干 廉貞-太陽 乙干 天機-太陰 丙干 天同-廉貞 丁干 太陰-巨門
戊干 貪狼-天機 己干 武曲-文曲
庚干 太陽-天同 辛干 巨門-文昌 王干 天梁-武曲 癸干 破軍-貪狼</td>
<td>鈴八天天咸破
星座廚空池碎
得廟　旺平平

伏兵　　　　　胎
咸池　93～102　己
晦氣　子女宮　酉</td>
</tr>
<tr>
<td>太天文天截大龍
陽梁曲魁空耗德
廟廟旺廟平不
祿
將軍　　　　　帝旺
息神　33～42　癸
龍德　田宅宮　卯</td>
<td>廉天陀地天天旬天
貞府羅劫姚官空哭
利廟廟平廟平陷平
身宮
官府　　　　　養
月煞　103～112　庚
喪門　夫妻宮　戌</td>
</tr>
<tr>
<td>武天天恩鳳天年
曲相馬光閣虛解
得廟旺平廟旺廟
忌
小耗　　　　　臨官
歲驛　23～32　王
歲破　福德宮　寅</td>
<td>天巨左右火天封月
同門輔弼星喜誥德
不不廟廟得陷
科
青龍　　　　　冠帶
攀鞍　13～22　癸
小耗　父母宮　丑</td>
<td>貪擎地龍
狼羊空池
旺陷平旺

力士　　　　　沐浴
將星　3～12　王
官符　命宮　子</td>
<td>太文祿孤
陰昌存辰
廟利廟陷

博士　　　　　長生
亡神　113～122　辛
貫索　兄弟宮　亥</td>
</tr>
</table>

例題2 六爻和紫微斗數的資訊一致（1）

求測者自敘：在做外貿生意，機械設備方面。不久前談了一筆生意，客戶準備這兩天付款，但是這兩天他都沒有回覆我的資訊，我一直在聯繫，但是就是聯繫不上。

幾天後，他又聯繫我了，現在一直保持著聯繫，但是尚未付款。想問一下這個生意是否能成。

來看下面的六爻盤：

求測人：某人(女),
起卦方式：手搖卦　　占問事宜：生意成敗。
起卦西曆：2019年5月9日12時30分
起卦農曆：二〇一九年 四月 初五日 午時。
干支：　己亥年　己巳月　丙午日　甲午時　(卦身：寅)

主變卦		水火既濟(坎宮)	之	水山蹇(兌宮) [空亡:寅、卯]
青龍		— — 兄弟子水 應		— — 兄弟子水
玄武		——— 官鬼戌土		——— 官鬼戌土
白虎		— — 父母申金		— — 父母申金 世
螣蛇	妻財午火	——— 兄弟亥水 世		——— 父母申金
勾陳		— — 官鬼丑土		— — 妻財午火
朱雀		———〇子孫卯木		— — 官鬼辰土 應

這個卦中的應爻可以看作是客戶，臨青龍說明容易出現一些色情類型的事情。子孫動而剋戌土，說明這筆生意沒有正式成交。覆藏的財爻出而剋父母，說明訂單失敗。

再看這個時間起的紫微盤，如下：

這個紫微盤，我們用交友宮看這個客戶，文昌是客戶下單了，紅鸞、天姚、文昌太陰星，說明這個人容易遇到色情之類情況。

交友宮的官祿宮在申位，天同、天梁、封誥、陰煞、劫煞、天廚星，其中天同星是暴旺的，說明是娛樂飲食不當

<table>
<tr>
<td>廉貪陀地地天天
貞狼羅劫空馬虛
陷陷陷不廟平旺
權
力士
歲驛 66～75 絕 己
歲破 遷移宮 巳</td>
<td>巨祿天龍
門存使德
旺廟平
博士
息神 56～65 墓 庚
龍德 疾厄宮 午</td>
<td>天左右擎恩天華
相輔弼羊光哭蓋
得廟廟廟旺平陷
官府
華蓋 46～55 死 辛
白虎 財帛宮 未</td>
<td>天天天封天陰劫天
同梁鉞誥廚煞煞德
旺陷廟 平
科
伏兵
劫煞 36～45 病 壬
天德 子女宮 申</td>
</tr>
<tr>
<td>太文鈴紅天天旬大月
陰昌星鸞姚傷空耗德
陷得陷廟陷平陷平
青龍
攀鞍 76～85 胎 戊
小耗 交友宮 辰</td>
<td colspan="2" rowspan="2">公历：2019年5月9日12时43分，星期四.
农历：己亥年 四月 初五日 午时.

坤造 己 己 丙 甲 (日空寅、卯)
亥 巳 午 午

甲干 廉貞-太陽 乙干 天機-太陰 丙干 天同-廉貞 丁干 太陰-巨門
戊干 貪狼-天機 己干 武曲-文曲
庚干 太陽-天同 辛干 巨門-文昌 壬干 天梁-武曲 癸干 破軍-貪狼</td>
<td>武七天截破
曲殺官空碎
利旺平廟平
祿
大耗
災煞 26～35 衰 癸
弔客 夫妻宮 酉</td>
</tr>
<tr>
<td>天火八龍
府星座池
得利平廟
小耗
將星 86～95 養 丁
官符 官祿宮 卯</td>
<td>太文天天天解寡
陽曲喜才壽神宿
不陷陷陷廟廟陷
忌
病符
天煞 16～25 帝旺 甲
病符 兄弟宮 戌</td>
</tr>
<tr>
<td>天天孤
福月辰
旺 平
將軍
亡神 96～105 長生 丙
貫索 田宅宮 寅</td>
<td>紫破天蜚
微軍貴廉
廟旺旺
奏書
月煞 106～115 沐浴 丁
喪門 福德宮 丑</td>
<td>天天天蠹天咸
機魁刑輔空池
廟旺平 陷陷
飛廉
咸池 116～125 冠帶 丙
晦氣 父母宮 子</td>
<td>三鳳天年
臺閣巫解
平旺 得
身宮
喜神
指背 6～15 臨官 乙
歲建 命宮 亥</td>
</tr>
</table>

等情況，天廚天同陰煞劫煞天梁星陷落的組合說明是吸毒或者用錯藥物等出現不利情況。天梁星化科與封誥的組合說明訂單封存或者遇阻。

由以上我們可以看出六爻和紫微盤的資訊是一樣的。後來求測者回饋說：該客戶消失了幾個月，8月9日他的家人回覆我，說他吸毒了，進了戒毒所。看來這筆生意真的沒了。

例題3 六爻與紫微斗數的資訊一致（2）

們來分析這個觸及時間的六爻盤與紫微斗數盤的信息—

這是某女搖的六爻卦卦盤。

卦象分析：

女人問感情，卦中子孫動剋了官鬼申金，一般是感情出現問題了，而申金上面有臨爻戌土財星，說明男友出現了劈腿現象。然後自己很生氣與男友鬧分裂了。而官鬼和子孫爻兩者的力量大小差度不大。申金臨日辰暗動，說明男友

求測人：某人（女），
起卦方式：手搖卦　占問事宜：感情的走向和吉凶
起卦公曆：2021年2月17日10時30分
起卦農曆：二〇二一年 正月 初六日 巳時。
干支：　辛丑年　庚寅月　丙申日　癸巳時　（卦身：丑）

主變卦　雷水解（震宮）　之　地水師（坎宮）［空亡：辰、巳］

青龍	— —	妻財戌土	— —	官鬼酉金 應
玄武	— —	官鬼申金 應	— —	父母亥水
白虎	——○	子孫午火	— —	妻財丑土
螣蛇	— —	子孫午火	— —	子孫午火 世
勾陳	——	妻財辰土 世	——	妻財辰土
朱雀	— —	兄弟寅木	— —	兄弟寅木

會找託詞，會迂迴婉轉，不會等它來剋。同時，辰土本身是生官鬼的辰土財爻，自己是愛男友的，這感情她自己還是珍惜的。暗動的官鬼化出父母亥水，所以還是有保護的，不會被剋傷。所以感情還有變化，會在之後的冬天回轉心意。

再看紫微斗數分析：

這是此女搖卦的時間起的紫微盤，這女子問的主要是感情的事情，命盤中的所有宮位與資訊都會與感情有關係，因為這個不是命運八字盤，只能顯示即時的資訊。命宮天同蜚廉文曲化科祿存天刑星，天同平勢蜚廉星，說明有口舌不愉快；天刑文化化科說明

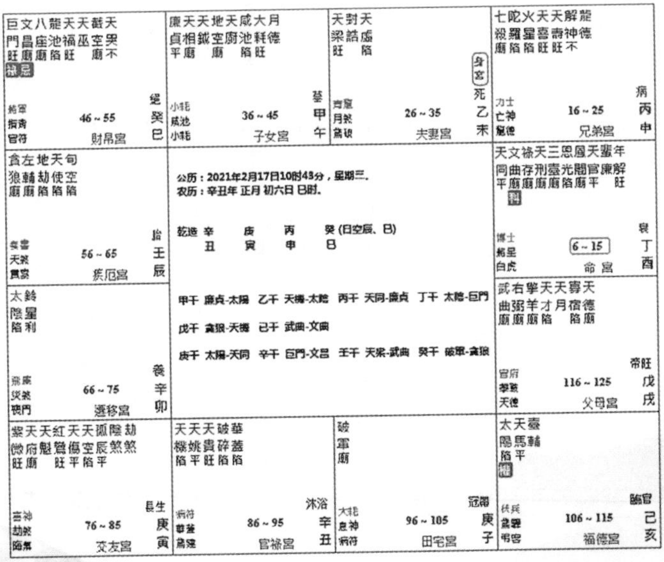

辦理了結婚證書，能成功；祿存說明感情有基礎。再看夫妻宮，天梁星封誥天虛青龍星等，合天相地空星，天相天梁星，說明辦理了結婚文書，也就是結婚證書，感情被承認了。地空封誥天虛星，說明感情周折分分合合等狀態。再看夫妻宮的官祿宮在亥位，太陽化權照巨門化祿文昌化忌天巫龍池天福八座等。太陽化權巨門化祿，說明結婚過門。而龍池天福星，說明有感情。文昌化忌巨門化祿，說明對方劈腿、口舌是非。但是這裡的文昌星是廟旺化忌，不至於分開，畢竟巨門化祿說明了結果是好的。

命主回饋：對，相愛兩年，之間分分合合的，現在他又劈腿，不知道結果如何。哭了一晚，胃都痛了。

例題4 八字與紫微斗數的資訊一致

我們來分析這個命主的八字與紫微斗數資訊——

八字歲運分析：

這個八字很顯然是較旺的，日元壬水得令得助，有申酉兩個強根。所以進入甲寅大運本該是順利的，但是申寅想沖，反而不利了，同時甲木剋己土也表示會有是非等情況。而流年2021辛丑年，辛金加重了壬水日元的力量，造成是非更加明顯，日元生甲木，說明自己的人為努力反而使事情走向無法收拾的局面。所以這一年會有官司口舌是難以避免的。

命主姓名:某人 出生公历：1962年9月1日18时39分，星期六。
出生农历：壬寅年 八月 初三日 酉时。

乾造	壬	戊	壬	己
	寅	申	寅	酉

大运	己酉	庚戌	辛亥	壬子	癸丑	甲寅	乙卯
岁数	3	13	23	33	43	53	63
年份	1964	1974	1984	1994	2004	2014	2024

再從紫微斗數分析看一下：

1962年生，今年2021年是六十歲，大運在巳位，大運四化戊貪狼化祿、天機化忌。流年命宮在戌位，流年四化辛巨門化祿文昌化忌。

來觀察流年的宮位：流年命宮火星陀羅武曲化忌蜚廉官府等星，照貪狼星，加會天相星。武曲化忌火星，說明了破財；陀羅蜚廉官府星，說明了官司是非；火星陀羅天相說明了是非官司的糾纏；貪狼陀羅說明了事情進展是誇張不在意料之內。

再看流年官祿宮在寅位，地空天府

<table>
<tr>
<td>巨天天孤
門鉞傷辰
旺旺平陷
飛廉 病
亡神 53～62 乙
貫索 交友宮 巳</td>
<td>廉天龍天
貞相池福
平廟不平
身宮
喜神 死
將星 63～72 丙
官符 遷移宮 午</td>
<td>天天天天月
梁喜使月德
旺陷平
祿
病符 墓
攀鞍 73～82 丁
小耗 疾厄宮 未</td>
<td>七地天天鳳天天年
殺劫馬姚閣壽虛解
廟廟旺陷不旺廟利
大耗 絕
歲驛 83～92 戊
歲破 財帛宮 申</td>
</tr>
<tr>
<td>貪天旬天
狼刑空哭
廟平陷平
奏書 衰
月煞 43～52 甲
喪門 官祿宮 辰</td>
<td colspan="2" rowspan="2">乾造 壬 戊 壬 己(日空辰、巳)
寅 申 寅 酉
1命宮 2兄弟 3夫妻 4子女 5財帛 6疾厄
7遷移 8交友 9官祿 10田宅 11福德 12父母
甲干 廉貞-太陽 乙干 天機-太陰 丙干 天同-廉貞 丁干 太陰-巨門
戊干 貪狼-天機 己干 武曲-文曲
庚干 太陽-天同 辛干 巨門-文昌 壬干 天梁-武曲 癸干 破軍-貪狼</td>
<td>天天破大龍
同廚碎耗德
平 平不
伏兵 胎
息神 93～102 己
龍德 子女宮 酉</td>
</tr>
<tr>
<td>太右天臺截天咸
陰弼魁輔空空池
陷陷廟 平平平
將軍 帝旺
咸池 33～42 癸
晦氣 田宅宮 卯</td>
<td>武陀火天蜚華
曲羅星官廉蓋
廟廟廟平 平
忌
官府 養
華蓋 103～112 庚
白虎 夫妻宮 戌</td>
</tr>
<tr>
<td>紫天地恩天天解
微府空光貴才神
旺廟陷平平廟廟
權
小耗 臨官
指背 23～32 壬
歲建 福德宮 寅</td>
<td>天文文紅三八寡
機昌曲鸞臺座宿
陷廟廟陷廟廟平
青龍 冠帶
天煞 13～22 癸
病符 父母宮 丑</td>
<td>破擎鈴陰
軍羊星煞
廟陷陷
力士 沐浴
災煞 3～12 壬
弔客 命 宮 子</td>
<td>太左祿封天劫天
陽輔存誥巫煞德
陷不廟 平
科
博士 長生
劫煞 113～122 辛
天德 兄弟宮 亥</td>
</tr>
</table>

指背、紫微星等，照七殺星，這裡的紫微星較弱，紫微照七殺說明是非官非；地空天府說明破財。

命主的回饋說：是的，確實是是非口舌，不知道有沒有貴人相助度過這一關。

後語

「吉凶」，是事件的主要內容，一般來說能順利的從命盤解讀出「吉凶」，就已經入門了，剩下的就是解讀速度和定應期。比如，官祿宮吉利，那就肯定會有好的事業歸宿，就算是過程坎坷也會最終達成目標，至於什麼時候出現這個最終目標，那是定應期的內容。起碼說，你知道會有好的未來，這就足以鼓起勇氣去奮力向前。所以說定吉凶很重要。

「吉凶」，是一個「方向」問題，「方向」一旦錯了那後面的應期也就錯了，就是全盤錯了。所以，認真學習定吉凶的方法，才能為整個預測過程打下紮實的基礎。祝大家學易進步。

有預測需求的朋友，可以透過下面方式聯繫到我：

QQ：1801021669
電話：0086-19929203989
郵箱：sanheshanren@188.com

有償服務的主要項目有：

財運、官運、婚姻等預測；
男女合婚；
開業擇吉、婚姻擇吉等；
取人名或者公司名等。

國家圖書館出版品預行編目資料

紫微斗數斷吉凶：增強紫微斗數功力，就看這本書／三禾山人著.
——第一版——臺北市：知青頻道出版；
紅螞蟻圖書發行，2021.10
面　；　公分——(Easy Quick；177)
ISBN 978-986-488-219-9（平裝）

1.紫微斗數

293.11　　110014593

Easy Quick 177

紫微斗數斷吉凶：增強紫微斗數功力，就看這本書

作　　者／三禾山人
發 行 人／賴秀珍
總 編 輯／何南輝
校　　對／周英嬌、三禾山人
美術構成／沙海潛行
封面設計／引子設計
出　　版／知青頻道出版有限公司
發　　行／紅螞蟻圖書有限公司
地　　址／台北市內湖區舊宗路二段121巷19號（紅螞蟻資訊大樓）
網　　站／www.e-redant.com
郵撥帳號／1604621-1　紅螞蟻圖書有限公司
電　　話／(02)2795-3656（代表號）
傳　　真／(02)2795-4100
登 記 證／局版北市業字第796號
法律顧問／許晏賓律師
印 刷 廠／卡樂彩色製版印刷有限公司
出版日期／2021年10月　第一版第一刷

定價 280 元　港幣 94 元

ISBN 978-986-488-219-9　　Printed in Taiwan